ボクは坊さん。

白川密成

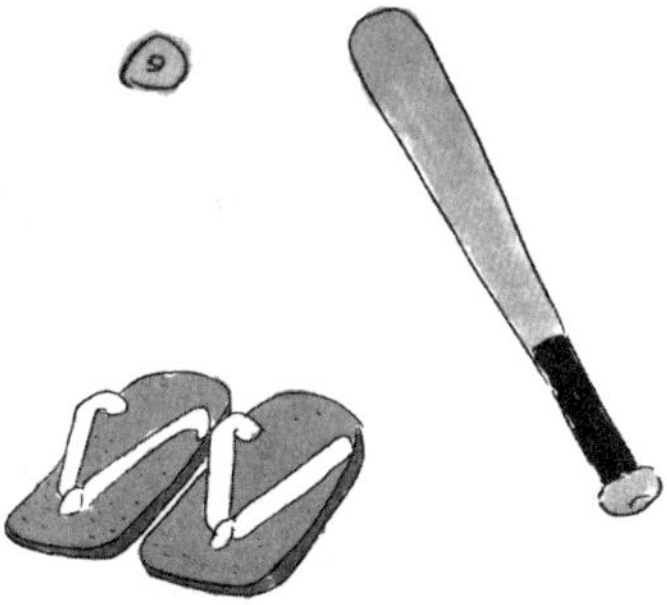

ミシマ社

「何ぞ志を言はざらむ」ノ巻

「こんなにひろい世界の中で
僕が言えることなんてあるのだろうか？」

はじめに

戸籍《こせき》に登録された自分の名前が突然、変わる——。

そんな経験が自分の身に降りかかるなんて、多くの人は想像もしないだろう。もちろん、僕だってそうだった。

だけどそれは、実際におこった。白川歩《あゆむ》として生きてきた僕の二十四年間は、ある日、突然終わり、新しい名前で生きることになった。

二〇〇一年十一月。

僧侶《そうりょ》であった祖父が他界した数日後、僕は改名《かいめい》手続きをするために裁判所を訪れた。

帽子をかぶったまま、「あの、突然ですが名前を変えたいのですが……」と要領を得ない僕に、職員のおばさんは、「あなたねぇ、名前って、そう簡単に変えられるものじゃないのよ」とため息をつきながら、少し不機嫌な表情だったけれど、僕が宗教者だとわかると、おばさんの口調は微妙にやわらかくなり、あっけないほど簡単に手続きは進んだ。

そして、僕は白川歩から白川密成《みっせい》になった。法的にも僧侶になった瞬間だった。

坊さん誕生。

こうして、四国八十八ヶ所のお寺「栄福寺《えいふくじ》」の住職になり、日本全国に三十万人いるといわれる僧侶のひとりとなった。

しかし、「坊さん」になった実感など、僕にはまだ微塵《みじん》もなかった。たしかに仏教の聖地、高野山《こうやさん》で四年間の学生生活を送り、正式な僧侶になるための必修とされる「修行」は修めてはいたけれど、お寺に集まる人に仏教の教えについて話をしたこともなければ、儀式ひとつだって、中心になって執《と》り行なったことはなかった。

どの世界でも同じであると思うけれど、そこに所属したからといって、その職業に必要な素養がいきなり身につくわけではない。美容師が美容師として認められるには、数年はかかるだろうし、「一人前」として求められる技術は半端なものではないだろう。それは、本屋さんだって、パン屋さんだって先生だって、多分そうだ。

坊さんも同じこと。しかも、僕たちの「仕事」は時に生と死にまつわる仕事だ。お葬式では死者を弔《とむら》い、法事《ほうじ》では死者と生者のこころをすこしでも通わせようとする役割……。そんな大きな「難問」が、経験のない僕に次々と降りかかってきた。もちろん、そういうことが急にすらすらと、こなせるわけはなかった。そこで僕は、こう考えることにした。

「〝自分だからできない〟ことは、たくさんあるに決まっている。だから、僕は〝自分だからできる〟ことを、そこに探そう」

そう思ったのだ。それは、「本当に感じたこと」を「坊さん」の世界にたっぷり込めることだった。仏教の中にある思想や言葉、儀式の決まり事を、ただ「こなす」だけでなく、僕は自分が本当に感じた感情をそこに混ぜて言葉を発してみようと思った。そして相手にとっても、「自分の話だ」と思えるような感触をすこしでも探した。その理由はただ、「そっちのほうが、うれしそうだから」だったと思う。もちろん社会にとって大切な存在である、人が生きるためになくてはならない〝なにか〟を受け継《つ》いだという直感もあった。

そして、その想いは時に、自分でも驚くようなあたたかい場面を、つくり出せたこともあった。

とはいっても、うまくいかないことは、今でもずいぶん多いし、僕はいまだに新米《しんまい》の未熟な坊さんのままだ。もしかしたら、ずっとわからないままのことだって、じつはずいぶん多いのかもしれない、という気もする。

そんな「はじまったばかり」の僕が、この本でなにを語ることができるだろう。

そう考えると、それは、ただひとつのことだと思う。

「僕なりの方法で、坊さんを〝やろう〟としている、その本音をそのまま正直に伝えること」

素直にそのことをつづることしか僕にはできないけれど、同時にそれが、少なくない人にとって、大事な話かもしれないという、曖昧《あいまい》だけどたしかな感覚のようなものを僕は感じている。

たとえば僕は坊さんにならなければ、これほど何度も「死」について考えることはなかったと思う。ところが、その場面で多くの人と向き合っていると、「死」のもつ、やわらかな感触のようなものを頻繁《ひんぱん》に感じないわけにはいかなかった。

死との出会いは、「生」との再会でもあった。

また、それと同時に今でも「死」を、たまらなく恐れている自分がいる。

そんな「死」にまつわる僕の経験した風景や、僕が今、感じている実感を正直に伝えてみたい。

そして「生」「死」「永遠」「真実」といった、ずっしりくるような話題以外にも坊さんの役割や仕事はたくさんあって、あまり伝えられることのない坊さんの日常も同時に伝えていければと思っている。

「母も父もそのほか親族がしてくれるよりもさらに優《すぐ》れたことを、正しく向けられた心がしてくれる」（『ダンマパダ』―法句経―四三）

仏の教えは、「こころをどこに向け進めるか、それによってなにを得るか」といったことを大きなテーマのひとつにしている。その中のちょっとした言葉には、僕たちが普段の生活を送る中でうれしいヒントになったり、軽やかな勇気となって活かせそうなものが、いくつもある。仏教の深遠《しんえん》な思想を語ることは僕にはまだ荷が重いけれど、そんな千年、二千年の時をこえて残る聖者、賢者の言葉をいくつか紹介することで、みなさんに形はないけれど役に立つプレゼントができたら、とも思う。

もっと正直にいうと本当は僕自身が、「坊さんをやる」とはなにかをもう一度、まっさらから向き合って考えようとしているのかもしれない。

「文の起り必ず由《ゆゑ》有り。天朗らかなるときは（則《すなは》ち）象《しやう》を垂る。人感ずるときは（則ち）筆《ふんで》を含む。是《こ》の故に鱗卦《りんくわ》、聃篇《たんぺん》、周詩《しうし》、楚賦《そふ》、中《うち》に動いて紙《し》に書《しる》す。凡聖《ぼんじやう》貫《つら》殊《こと》に、古今《こきん》時異《こと》なりと云ふと雖《いへど》も、人の憤《いきどほり》を写《うつ》す、何ぞ志を言はざらむ」（弘法大師　空海『三教指帰《さんごうしいき》』）

【現代語訳　文章の成立は偶然ではなく必ずいわれがある。（古人もいうように）天が晴れわたっているとさまざまな天文現象を示し、人が感動すると筆を含んで文章を書く。だから伏《ふく》羲《ぎ》の八卦《はっか》や老聃《ろうたん》の著作、詩経や楚辞《そじ》などの文章も、人が心に感動し、その感動を紙に書きしるすことによって成立したものである。凡夫《ぼんぷ》と聖者とでは人間が違い、古《いにしえ》と今とでは時代が異なるとはいうものの、人たるもの、心の悶《もだ》えを晴らそうとすれば、詩文を作っておのれの志を述べずにおれようか】

弘法大師（空海）が、二十四歳にして自らの出家宣言のために書かれた『三教指帰』の冒頭である。瑞々《みずみず》しい気持ちと逸《はや》る思いが溢れていて、僕はこの部分が大好きだ。そして現代の僕たちの姿や気持ちとも重なって見えることがある。

本当に未熟な僧侶のまま二十四歳で寺の住職になった自分が声を出し、この本を読者のみなさんに伝えることに、小さくない躊躇《ちゅうちょ》があるけれど、こんな言葉に勇気をいただき、今しか記すことのできない「坊さんの世界」「仏の教え」への想いを熱いまま、届けたい思う。

「どうして坊さんなんて仕事を継《つ》いだの？」

僕は、坊さんになってから、何度もそう聞かれた。「お寺」も「仏教」も「坊さん」も、〝つまらない〟と思っている人が、ずいぶん多いらしい。

でも、僕は今まで経験した「坊さん」の世界に、心の底からワクワクしたことだって何度もあったし、あまりの強烈な出来事に、思わず噴《ふ》き出して大笑いしたことだってある。

坊さんワールド。

そこは、日々、笑いがあり、思わず流れる涙もある「不思議感」溢れる世界だ。

今再び、その世界へ僕も「入門」してみたい。

ボクは坊さん。

目次

はじめに

I 坊さん入門

II 坊さんという仕事

Ⅲ 「おっさん」として

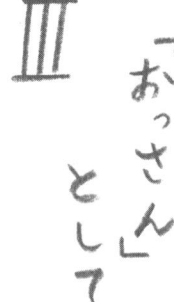

Ⅳ

ハッピー？

Ⅴ 悩む坊さん

VI これからの宗教を考える

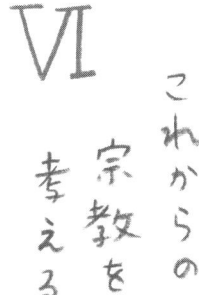

VII
生と死

装丁　寄藤文平
土谷未央

I

坊さん入門

「虚《きょ》心《しん》物《もの》を逐《お》ふ」ノ巻

「人生の選択に迷ってしまいました」

「世界で唯一の密教学科」にピンときて

子どもの頃から漠然《ばくぜん》と「坊さん」という、なんだか不思議な仕事に興味をもっていた。そして、いつ頃からか自分もその仕事についてみたいと思うようになっていた。

しかし高校時代、僕の坊さんへの思いは、一瞬ゆらいだ。

それは、寺に住む僕を「和尚《おしょう》」と呼ぶ先生や生徒が少なからずいたからだった。

「坊さん」を目指していたのなら、「和尚」と呼ばれることに、なんの抵抗もないはずだと思うかもしれないけれど、それはやはり十代の年頃である。気になる女の子とすれ違った直後の学校の廊下で、悪友たちから、

「おーーーーい、和尚！　昼飯食《ひるめし》おうぜっ」

と大声で呼ばれて、女の子たちにクスッと笑われたりすると小さな胸が痛んだ。

また、僕は校内でも練習が厳しくて有名な軟式テニス部に在籍していたのだけれど、なにか

指導を受けて叱責《しっせき》を受けるたびに監督から、

「おい和尚、そんなことでへこたれてどうする。お前は坊さんになって人に道を説くのだ。俺が死んだら、お前がお経《きょう》をあげるのだ」

と言われたりすると（よく言われた）、心の中で、「勝手に決めないでほしいなぁ、オレの人生」と沸々《ふつふつ》とわきあがるものがあった。

僕はその頃、音楽や本の世界に触れ始めていて少し生意気《なまいき》だった。そして生まれながらの性格だろうか、厳しさよりも笑いを求めていた。

このソフトテニス部には「人生の勝利者たれ」というものすごいネーミングの日誌を毎日、監督に提出する義務があったのだけれど、ある日、僕はなにを思ったのか「人生の焼き肉のたれ」と書いて提出し、何発かパンチを食らった。


しかし、現実的に進路を決める必要のある三年生になる直前、仏教系（真言宗《しんごんしゅう》）の大学である「高野山《こうやさん》大学」から学校の資料が送られてきた。そのページを開いてみると、開口一番こんなコピーが書かれていた記憶がある。

「世界で唯一の密教学科」

このひとことで、僕は子どもの頃、お坊さんにもっていたあこがれの心や予感をピンと瞬間的に思い出した。「人と違ったことをしてみたい」。そんな好奇心もあった。その資料には、大学のパンフレットであるにもかかわらず、事細《ことこま》かに「僧侶への道」が図式化されて丁寧に説明されている。

「どうやら、ここに行けば坊さんになれるらしい」。そんなことを考えていると、隣から資料を覗《のぞ》き込んできた友だちが心配そうに僕に声をかけてきた。

「和尚、本当に和尚になるのかよ。びっくりするなぁ。でもな、大学は行っておけよ」

「あのな、コレ、大学の資料なの。〝高野山大学〟」

読んでいた資料の見開きを見せると、何十人もの丸坊主《まるぼうず》の僧侶たちが、大きなお堂の中で手を合わせ、お経を唱える写真が大写しになっていた。

「世界は広いなぁ」

クラスメイトたちは興味津々《しんしん》で、大笑いしながらその資料をまわし始めたけれど、僕にはもう恥ずかしさはなく、いいようのないワクワクするものも感じていた。

「それ、返せよ。後でいいから」

僕は、坊さんになろうと思った。

「利他時有り、虚心物を逐《お》ふ」（弘法大師　空海『遍照発揮性霊集《へんじょうほっきしょうりょうしゅう》』巻第二）
【現代語訳　他人に利益を与える場合時機を失わず、心を虚《むな》しくして万物の動きにまかせた】

たしかにこれは自分で選んだ道だったけれど、祖父が僧侶ではなく寺で育たなかったとしたら、坊さんの道を選んだかどうかは僕にもわからない。なにかを決める時に、長く深く考えることも大事だろう。しかしまわりの環境や自分の心をさっと感じて、自然な「流れ」に身を任せるように、動いていくことも意味があると思う。

高野山大学に入学する

大学入試のために訪れた高野山の宿泊先は、お寺だった。高野山の宿泊施設のほとんどはお寺だ。山内《さんない》の五十をこえる宿坊で泊まることができ、食事の配膳やお世話もそこに暮らす若い僧侶の方がしてくださる。学科試験の後は面接があった。

「どうしてこの大学を受験したんですか？」

「坊さんになりたいからです」

僕は正直にそう答えた。

「どんな僧侶になりたいですか？」

「理論と実践、両方があるような僧侶を考えています」

準備していたわけではないけれど、わかったような顔をして、ふとそんな言葉が浮かんだ。

「学校で学ぶのは理論ですよ」

西洋哲学科の教授が、僕の目をクールな表情でしっかりと、見つめる。

「はい、理論あっての実践ですよね！」

にっこりと笑う、その能天気な調子のよさが見初《みそ》められたのか、合格発表を受けとった数日後、入学式で宣誓文《せんせいぶん》を読み上げる役割が僕にまわってきた。

当然といえば当然なのだけれど、山上宗教都市、高野山は驚くほど娯楽の少ない場所だった。一番、遅くまでやっている店は唯一のコンビニで、それも、もちろん二十四時間営業などではなく夜になるときっちり閉まる。その後の山内は漆黒《しっこく》だった。

入学式にもらった在学生の制作した「高野山大学・学生用語集」には、「深夜徘徊《はいかい》」という項目があって、高野山では、深夜、家にいることを持て余した学生たちが、山内を不気味《ぶきみ》に歩き回る姿が散見される——という意味のことが書いてあって、僕は冗談だと思っていたのだけれど、入学後一カ月もしないうちから、深夜、不気味に歩いていたのは自分であった。また同好の士と何度もすれ違うことになる。

そして高野山での生活が始まり、しばらくして、正式に仏門に入る儀式、得度式《とくどしき》を受けるために頭を綺麗《きれい》に剃《そ》った。高野山の理髪店で「得度を受けるんですけど……」と言うとなにも説明しなくても三カ所、少し髪を残した坊主頭に仕上げてくれた。その部分は左髪《さはつ》、右髪《うはつ》、周羅髪《しゅらはつ》という名前がついていて、当日の儀式でその部分を剃ってもらうのだ（僕はその時、切った髪を今でも大事に持っている）。

散髪を終えて店の外に出ると、その前では、僕が得度式のために散髪をしているという情報を聞きつけた先輩が待ちかまえていた。暇なうえにせまい街なのだ。彼はある〝儀式〟を僕に敢行しに駆けつけた。その儀式とは濡れたタオルを僕の頭に投じ、ピタッと張りついたタオルの端を引っ張って遊ぶ、というそれだけのささやかな儀式だった。それだけのことで、僕は一切の身動きを封じられてしまった。うっすらとはえた髭《ひげ》と同じぐらい短い髪が、タオルとマジックテープのようにからみあっていたのだ。大笑いした後で、特になにも言わずミニバイクで颯爽《さっそう》と走り去る先輩を見つめながら、とんでもない場所に来てしまったと後悔しながらも、なぜか僕の顔はにやけていた。

時間はたっぷりあったので、高校時代はまったく未知の世界だった茶道部（裏千家）や華道部（華道高野山）にもしばらく籍を置いていた。また、高野山で知り合った友人たちと書評やスポーツ記事、イラストや写真つきの記事を寄せあってフリーペーパーの制作をしたりもした。

そして運動不足解消のために、高校の頃と同じ軟式テニス部にもやはり在籍したのだが、ここでもやはりいくつか独特の体験をした。まず、練習場所は大学からすこし離れた場所にある「女人堂《にょにんどう》コート」。女人堂は、女性の入山が長く禁じられていた高野山の入り口に建てられた女性のためのお堂である。このコートに行く道に時々「クマ警報」が発令されて、大学からの指示でそのたびに練習が中止になった。

「ラケットケースに〝鈴〟をつけていっても、ダメですか？」

「君、死にたいの？」

高野山はとても静かな街なので、大阪に試合に行くのは、若い僕たちにとって大きな楽しみだった。ローソンのにぎり寿司に歓声をあげ、梅田の焼き肉屋でガッツポーズをとる、謎の坊主集団はちょっと異様だったかもしれない、と今では思う。

試合では、ちょっとした「宗教弾圧」も経験することになった。試合前の練習を開始した僕たちのコートのまわりを、対戦校の学生たちが囲んだと思うと、誰かがこう叫んだ。

「ボーサン、ボーサン、坊さん倒せ！」

すると何十人もの学生が声を揃《そろ》えて、それに続く。会場は「坊さん、倒せ」の大合唱だ。コートのまわりには試合に関係のない学校の人たちも集まってきている。あまりに異様な光景に、僕は先輩たちの表情を確認した。しかし彼らは平然と何事もないように、練習を続けていた。

「異なった他の教えを奉ずる輩《ともがら》をも恐れてはならない。——たといかれらが多くの恐ろしい危害を加えるのを見ても。——また善を追求して、他の諸々の危機にうち勝て」(『スッタニパータ』九六五)

もしかしたら、こんな仏の教えが先輩たちの胸の奥にあったのだろうか。違うと思う。ただヤジに慣れていただけだ。

試合が始まっても、僕たちが坊さんであることを揶揄《やゆ》するようなヤジが続いたが、ちょっとしたハプニングがおこった。一番、ヤジのうるさかった選手が僕たちの目の前で足がつって、うずくまったのだ。それは、テニスの試合ではよくあること。しかし、その後が普通ではなかった。

なかなか立ち上がれない、その選手を僕たちは全員で取り囲み、合掌して「拝《おが》んだ」。今まで元気いっぱいではしゃいでいた彼はあきらかに、血の気が引いた表情をし、会場は低いどよめきに包まれた。

そして我らが高野山大学軟式テニス部の面々は不敵な笑顔を交わしあった。「坊さん、なめんなよ」。誰かがそう言った。忘れられない思い出だ。

高野山から電車で遊びに行くのはたいがい、大阪の難波《なんば》方面だった。

遊び終わって（といっても、本屋やCDショップをまわる程度だったけれど）高野山行きの最終電車に乗り込み、最終駅の極楽橋駅《ごくらくばし》（いい名前だ）に着く頃には、三両編成の電車に自分しか乗っていないことが、何度もあった。極楽橋から山頂に向かうケーブルカーに乗り換えると雪がちらつき始める。山内の下宿まで愛車スーパーカブを走らせていると、なんとなくひとりの部屋に戻りたくなくなって、友だちの家を経由してすこし話して帰った。

「明日はきっと積もってるよ」

今でも思わずにやりとしてしまう思い出も、ちょっぴり哀しい記憶もある、僕の高野山での生活が始まった。

「心三摩地《さんまぢ》に住《じゆう》す」ノ巻

「続けるということ」

坊さんはスリリングな仕事になりうる？

「十九、二十歳の頃って、どんなことしてた？」

ある程度の年齢に達すると、こんな会話をすることが、たまにある。僕なら迷わず、こう答えるだろう。

「仏道修行してた」

なぜならそれが、一〇〇パーセントの事実だからだ。

高野山《こうやさん》大学で僕が在籍していたのは〝世界で唯一〟の「密教学科」だったが、その他にも「仏教学科」「英米文学科」「中国哲学科」「社会福祉学科」なども当時は存在していた。

「密教」という言葉にイメージが湧かない人も多いと思うけれど、密教はインド仏教の流れの中で最終盤に発生した教えだ。平安時代に弘法大師が、唐《とう》で密教を授かり日本に伝えた。

「密は則《すなは》ち本有《ほんぬ》の三密《さんみつ》を以《もつ》て教《をしへ》と為《な》す」（弘法大師　空海『続遍照《しょくへんじょう》発揮《ほっき》性霊《しょうりょう》集《しゅう》補闕鈔《ほけつしょう》』巻第九）

【現代語訳　密教では人々が本来もっている三密《さんみつ》（身体・言葉・意《こころ》の三つの秘密のはたらき）

をもって教えを説くのである】

もちろん密教をひとことで説明するなんてできないけれど、この弘法大師の言葉は端的だ。それまでの仏教が積み重ねてきた思想や論理に、人間の心身がもっているプリミティブな五感や直感をフルに発揮して、新しい仏教の姿がこの時代、登場したのである。

僕自身、正直にいうと密教という存在について、ほとんどなにも知らずに高野山にやって来た。しかし、密教のことを活き活きと語る、高野山のある僧侶との出会いによって、僕はまったく新しい〝宗教〟に対する感覚を受けとった。仏教という存在に対してなんとなく、善《よ》い行ないを積んで欲望を抑えて、おだやかに生きる、といったイメージを子どもの頃からもっていたし、それは今でも仏の教えの大事な部分だと思う。しかし彼の語る「仏教の中の密教」は、そこにとどまらなかった。彼は高齢であるにもかかわらず強烈な情熱をもって、密教、仏教をとらえていた。まるでミュージシャンがロックを語るようだと思った。

「密教は自分自身のもっている身体や心の可能性を追求するエネルギッシュな方法論なんだ」

「そしてそれは、教条的な道徳観というよりも、宇宙的な視野をもった生命力そのものだ」

そんな言葉から、

「こんな仏教があるのか……。僕にはまだよくわからないけれど、坊さんはきっと、おもしろくてスリリングな仕事になりうるな」
と直感した。この感覚は、今にいたるまで僕を何度も助けてくれたと思っている。

流行歌禁止！――密教修行の日々

二回生の夏休み、僕は高野山で、正式な真言宗の僧侶になるためには必修の修行である「加行《けぎょう》」を始めることになった。僕が修行した道場では百日間の修行だったので、十九歳の時に五十日、二十歳の時に五十日の修行をすることにした。

密教は体験を重視する。なので大学での講義に加えて、この加行という修行は通過儀礼としてもとても大事なものなのだ。この行《ぎょう》において僕たちは、午前三時半に起床し（特別な行の時は午前二時だった）、仏への礼拝や供養《くよう》の修法を繰り返す。

「手に印契《いんげい》を作《な》し、口に真言を誦《じゆ》じ、心三摩地《さんまぢ》に住すれば、三密相応して加持するが故に、早く大悉地《だいしつぢ》を得」（弘法大師　空海『即身成仏義《そくしんじょうぶつぎ》』）

【現代語訳　手に印契を結び、口に真言をとなえ、精神を統一するならば、仏の三密と修行

者の三密とが応じあい、力を加えあうから、早く偉大なさとりの完成の境地を得るのである】

弘法大師のこの言葉のように、手には印というさまざまな象徴を意味する形を組み、口には聖なる言葉、〝真言〟を何千、何万と唱え、心に多様なイメージ、たとえば自分という存在と仏という存在が一体であることを思い浮かべる。しかし密教の修行は個人の体験を大切にする意味でも、師から弟子への直接の伝授、口伝《くでん》が大前提となる非公開のものなので、ここでは僕たちのなにげない生活の場面を紹介したい。

修行するべく集まった人たちは、僕のような寺で育った人間ばかりではなく、さまざまだった。家に代々伝わる不動明王《ふどうみょうおう》の像を供養するために、休職して修行するプログラマー。禅宗の寺に育ったのだけど、曹洞宗《そうとうしゅう》の本山である福井県の永平寺《えいへいじ》で修行した後に、「密教もやってみたくなって……」と静かに語る若い禅僧。なにを聞いても、「私のようにならないでください」と肩を落とす自分のことを語らない、謎の中年男性もそこに加わっていた。

修行にはさまざまな生活規則があって、その中でもよく憶えているのは、「流行歌を歌ってはならない」という規則だ。

しかしある日、休憩室の黒板に当時、流行《はや》っていたキロロという女性デュオの『長い間』という歌の歌詞が突然、書かれてあった。その歌は、「長い間 待たせてごめん」という言葉から始まるスウィートなラブソングだ。若い修行者の中には、つき合っている彼女と離ればなれになっている人も少なくない様子だった。ひとりが、その歌をふと口ずさみ始めると、いつしか、それは大合唱になった。

「あっ、流行歌だ！ 禁止されてるんだよ」

なんて野暮《やぼ》なことは当然、言わなかったけれど、僕には残念ながら待ちわびている彼女はいなかったし、揃《そろ》いの藍染《あいぞ》めの作務衣《さむえ》を着た剃髪《ていはつ》した男たちが、涙ぐみながらキロロを熱唱する姿に若干、心理的な距離感を感じ、怖かったのでその場を離れたのだが、翌日にはその歌詞は綺麗さっぱりと消えていた。

行者が持ち込みを許可されている数少ないもののひとつに、なぜか「ミロ」があった（栄養的な配慮だろうか）。ミロの粉末に少量の水を加えて団子にして、「チョコができた！」と言って、食べている人もいた。僕もそのひとりだ。

朝食は自分たちでつくるおかゆである。おかゆを前にして日直が、「サンパラギャタ！」と真言を唱えると、もうひとりの日直が「平等行食《びょうどうぎょうじき》」と静かに応え、そこから長い食事作法が始まる。『般若心経《はんにゃしんぎょう》』などの読経の後、たとえば「出生飯《しゅっさば》」といって、食べる前のおかゆを七粒、小さな皿に並べてさまざまな仏や人々に捧《ささ》げるのだ。「いただきます！」と食べ始めても、一口目を食べる前に「為断一切悪《いだんいっさいあく》」と唱え、二口目を口にする前に「為修一切善《いしゅいっさいぜん》」、三口目の前に「為度一切生《いどいっさいしょう》」と唱える。

昼と夜は「おかず」が出るのだけれど、やはり生き物は一切口にしない。行者の中での圧倒的人気を誇ったのは「アペックス」という名前のつぶした大豆の唐揚げで、チキンそっくりの味がした。印象的だったのは、「そうめん」「冷や奴」「ごはん」という組み合わせで、すべてが純白の美しい献立だった。

修行の区切りのおめでたい日には、肉の代わりに、こんにゃくの入った「結願《けちがん》カレー」が行者の労をねぎらってくれた。僕の個人的なお気に入りは、ごはんの上に「シソ」がのった「シソ丼」であった。

九時消灯の時間を過ぎてもなかなか寝つけず、横になったまま天井を見つめていると、夏祭りの花火のような音が聞こえてくることもあった。そんな時は、ちょっとさびしい気持ちにもなったけれど、まわりの修行仲間からは、

「密成さんは絶対、修行楽しんでるよな。いいなぁ」

と何度も言われた。実際のところはともかく、なにをしても楽しそうに見えるのが、僕の数

少ない特技かもしれない。肉を食べられない精進食《しょうじん》も同年代の人と比べると僕は精神的な苦痛はほとんどなかったけれど、加行を終え体重計に乗ると一〇キロ近くも痩せていた。帰省した実家の寺でお祝いのお酒をいただくと、謎の赤い斑点《はんてん》が顔中にあらわれた。刺激に体が慣れていなかったのだろう。五十日間の加行。「時間をかける」ということには、「変化」が訪れる。そういうことかもしれないと、その時ふと考えた。

「読誦しなければ聖典が汚《けが》れ、修理しなければ家屋《いえ》が汚れ、身なりを怠るならば容色が汚れ、なおざりになるならば、つとめ慎《つつ》しむ人が汚れる」（『ダンマパダ』―法句経―二四一）

僕はこの言葉を「使うこと、続けることの偈《げ》」だと個人的に感じている。どんなに小さなことでも、続け、使うことを習慣にすることで、大きな力になることがある。そんな何気ない生活の中の智慧《ちえ》も〝仏の教え〟だと思うのだ。そして、そのことを実感として教えてくれたのは、この〝修行〟の日々だったのかもしれない。

僕はまだ僧侶としてのスタート地点に立ったばかり。この時に「修行を終えた」などとは、いえるはずがない。この時の修行は、いわば「修行のはじまりの儀式」ともいえるだろう。しかし毎日、見よう見まねで経を唱え、真言を口にし頭の中を真っ白にしながら礼拝を繰り返した、この僕なりの青春の日々はもしかしたら、いつかボディーブローのように効いてくるのかもしれない。

「六《ろく》大《だい》無《む》碍《げ》にして常に瑜《ゆ》伽《が》なり」ノ巻

「それでも命はつながって」

真言密教の阿闍梨《あじゃり》になる

お坊さんの世界には独自の「戸籍《こせき》」のようなものがあって、僕の僧名「密成《みっせい》」も度牒《どちょう》という申請《しんせい》をすでに本山の高野山《こうやさん》に届けていた。これからは役所だけでなく、僧侶である僕に関することは、高野山にも記録されてゆく。

この密成という名前は師僧である祖父がつけてくれた。これは僕の生まれた時の俗名である「歩《あゆむ》」を将棋《しょうぎ》の「歩兵《ほへい》」と見立てて、僧侶になることと、これから進む道を表現して「成」という一字を授けてくれた。「密」は密教の密であり、僕の親戚の僧侶は密乗《みつじょう》、密幢《みつどう》、密勝《みつしょう》と多くの人が、この字を用いている。

しかし僧侶になって数年たって、弘法大師の著作にあらためて触れていると「成」という文字についてこんな記述をされているのが目にとまった。

「〝成〟とは不壊《ふえ》の故に、不断の故に、不生の故に、不滅の故に、常恒《じゃうごう》の故に、堅固の故に、清浄の故に、無始の故に、無終の故に、これすなはち法爾所成《ほふにしょじゃう》にして、因縁所生《いんねんしょせい》にあらざるが故に」（弘法大師　空海『大日経開題《だいにちきょうかいだい》』）

【現代語訳】〝成る〟とは壊《こわ》れることがないから、断絶することがないから、生ずることがないから、滅することがないから、つねに変らないから、堅くてしっかりしているから、清らかであるから、始めがないから、終りがないから、これはすなわち本来さながらに成立しているのであり、原因と条件とによって生じたものではないからである】

祖父がこの言葉を意識して、僕の僧名をつけてくれたのかは聞いてはいないけれど、「生ずることなく滅することがない」「始めなく、終わりもない」という、僕たちが普段、日常を生きる意識の中では名づけることの難しいこの感覚には、仏教や密教の「伝えたいこと」に近いなにかがあると、漠然と感じることがあったので、この弘法大師の記述を見つけた時はうれしかった。

日本の真言《しんごん》密教僧、必修の修行である「加行《けぎょう》」を終えた僕が僧侶になるための儀式は「伝法《でんぽう》灌頂《かんじょう》」という段階に進んだ。

この儀式は密教の中で、もっとも重要な儀式のひとつであり、密教の「師」になりうる〝阿《あ》闍梨《じゃり》〟の位を授かるための儀式だ。その内容は非公開なので、やはりここでも詳しく書くことはできないけれど、目隠しをしたまま無数の仏が描かれた曼荼羅《まんだら》の上に樒《しきび》の葉を投じる儀式を通して、言葉や知識ではうまく説明できないフィーリングを高野山という場所で感じていたように思う。僕は真言密教の阿闍梨になり、お寺の住職を務められる立場になった。

「密教と現代生活」を考える

高野山大学は「卒業論文」のシーズンを迎えていた。僕が高野山での生活の最後に考えたいテーマは、はっきりとしていた。宗教や仏教は豊潤《ほうじゅん》な叡智《えいち》をもっているけれど、重要ななにかが切実に求められている……。それは今に生きる僕たちが「今」のものとして、仏教を用いて実際に「生きる」ということだ。知識は少なく若くて生意気だけど、素直に僕はそう感じていた。

「現代」と「生活」。

仏教にそのふたつを加えてみたくなった。仏教や密教は、宗教であるかぎり「今」に生きる僕たちが「生活」の中で、本質的な「ライフスタイル」のように〝使って〟こそ、意味があるように僕には思えた。しかし「伝統」や「学術」「儀式」「なつかしい風景」という大きな存在の前で、その前にくるはずの、〝宗教が宗教であること〟が見えにくくなっている。言葉でいうことだけなら、本当にたやすいけれど、僕はそう考えていた。

「(ブッダが答えた)、ナンダよ。世のなかで、真理に達した人たちは、(哲学的)見解によっても、伝承の学問によっても、知識によっても聖者だとは言わない。(煩悩《ぼんのう》の魔)軍を撃破して、苦悩なく、望むことなく行う人々、――かれらこそ聖者である、とわたしは言う」

(『スッタニパータ』一〇七八)

このブッダの〝問題意識〟は今につながる話だと僕は思う。

「煩悩の魔軍を撃破して、苦悩なく、望むことなく行う人々」という高い境地は僕にとっては、はるか遠い境地ではあるけれど、仏の教えは伝統の学問であるよりも、僕たちが実際に生きるための智慧《ちえ》でありヒントであるはずだった。


「密教と現代生活」

論文のテーマは決まった。そしてこれは一生涯、自分が僧侶として考えることだと思った。しかし、あまりにテーマが大きすぎて思考のきっかけさえ、つかむことができない。その時、ある二人の対話が目にとまった。それは南方熊楠《みなかたくまぐす》と土宜法竜《どぎほうりゅう》という人物だった。

熊楠は江戸時代から昭和時代を駆け抜けた本当に不思議な人物で、彼の生涯は、さまざまな伝説や武勇伝に彩《いろど》られているけれど、日本が誇る博物学者・民俗学者、そして思想家であり、粘菌《ねんきん》という動物と植物の境界線上にあるような存在の国際的な研究者でもあった。

そんな彼と僧侶としての要職、高野派管長《かんちょう》などを歴任しながら、「仏教と現代」に対して強い問題意識をもった密教僧である土宜は、大量の往復書簡を残しており、彼らは仏教や密教に巨大な情熱と可能性を感じていた。そして、そのことを子どものような無垢《むく》な目と阿羅漢《あらかん》のようなシャープな視点をもって語りあっていた。僧侶でもなく宗教になんのしがらみもない、熊楠の自由な言葉を僕はとても魅力的に感じた。熊楠は、土宜宛《あ》ての書簡の中でいう。

「もし欧州科学に対する東洋科学というものありなんには、よろしくこれを研究して可なり。科学というも、実は予をもって知れば、真言の僅少の一分に過ぎず」

「しかして、仁者ら、ただ唐朝《とうちょう》の故経《こきょう》、晋訳《しんやく》の古書をよみ、その時代に大実用ありし諸尊を敬礼するのみ、今の世に大実用あるべき科学（真言の世間物質開化上の応用）を排除す」

土宜は熊楠に宛てていう。「貴下は仏教中興の祖師の一人となる所存《しょぞん》なきか」と。

「これだ」と思った。

僕は彼らの書簡に残された対話をヒントに、「今に生きる僕たちにとっての仏教や密教」について考え続けた。高野山の冬は寒く、室内でも零下《れいか》になることはたびたびで、時には洗濯機に接続した水道チューブが凍結、破裂して部屋が水浸《みずびた》しになったりしながらも、僕は論文を必死に書き上げた。

そして今に生きる僕たちにとって、仏の教えや密教が「あったほうが、ずっといいもの」であるということを何度も強く感じた。僕がそう感じた密教のベースとなる思想のひとつは、命をもっているあらゆる存在が深いところで関係しあい共通のなにかを共有していること、そしてさまざまな論理的な思考だけでなく、ひとりひとりが生《なま》の生命でそれを感じる「瞑想《メディテーション》」の方法論を密教がいくつも用意していることだった。

「六大無碍《ろくだいむげ》にして常に瑜伽《ゆが》なり　体
四種曼荼《ししゅまんだ》　各《おのおの》離れず　相
三密加持《かぢ》すれば速疾に顕《あら》はる　用
重重帝網《じゅうじゅうたいまう》なるを即身と名づく　無碍」（弘法大師　空海『即身成仏義《そくしんじょうぶつぎ》』）

【現代語訳】
宇宙のいのちの六大（六つの粗大なもの）は、さえぎるものがなく、永遠《とこしえ》に結びつきあい、とけ合っている。体
四種類の曼荼羅《まんだら》、それぞれは、真実相をあらわして、そのままに離れることがない。相
ほとけとわれわれとの三密が、不思議なはたらきによって、応じ合うとき、すみやかに、

さとりの世界が現れる。用
あらゆる身体が帝網《たいもう》の珠《たま》さながらに照り合うのを、名づけて即身（この身このまま）という。無礙】

ここで登場する体《たい》・相《そう》・用《ゆう》は三大《さんだい》と呼ばれ、体は心や諸法の根源、相はその姿や縁起する様子をあらわし、用は〝はたらき〟を示している。

難解でイメージすることが難しかった弘法大師の言葉が、今までよりもすこしだけリアルに響き、途切れ途切れに心の中に届いてくるようだった。

師にのせられて

論文を提出した後の教授陣による口頭試問では、僕に熊楠と土宜の存在を教えてくださったゼミの担当教授とともに、僕の中で「密教」と〝情熱〟〝生命力〟を結びつけてくださったあの高野山の高僧も同席されていた。彼は僧侶であるとともに、かつて大学の学長を務められた密教学研究の権威でもある。自分にとってのヒーローのような存在の僧侶とはじめて会話を交わすことになるので、緊張に震えた。

打ち明け話をすると、その頃、僕は自分でメンバーを編成できる野球のテレビゲームで「密教の歴史的高僧」で構成したチームをつくっていた。その三番打者は「空海」であり、二番は空海の師である中国僧「恵果和尚《けいかかしょう》」、そして四番は、そのまた師であるインド僧「不空三蔵《ふくうさんぞう》」であった。その一番打者として、現役の僧侶として唯一参加していただいていた（もちろん勝手に）のが、その僧侶だった。僕にとってはそのぐらい、大きな存在だった。

試問が行なわれている教室の前で待っていると、一足先に試問を終えた学生が出てきた。彼は、手に持っていた自分の論文を渾身《こんしん》の力でゴミ箱に叩きつけた。酷評《こくひょう》されたのが、あまりにも悔《くや》しかったらしい（五秒後に取りに戻ってきたけれど）。僕もますます緊張が増してきた。

教室の中に足を進めると、椅子に座ることを促《うなが》された。

「すばらしい卒業論文を読んだと思いましたよ。あなたは、僧侶になるのですか？」。その高僧は表情をゆるめ、すっと僕の目を見て口を開いた。

「はっ、はい。そのつもりです」。僕は、唖然とした。

「それは、よかった。そのことが、すごく気になっていたのです。学術的かどうかはともかく、あなたの論文はとにかく、おもしろかった」
それからしばらく続いた「仏教、密教と現代」に関する会話は、俗世的な楽しみの少なかった僕の高野山生活のハイライトになった。

結局、この論文は密教研究の学術雑誌に掲載されることになり、また大学図書館の寄贈論文にも選ばれた。「勉強」でほめられることがきわめて稀《まれ》だった僕にとって、好きな人に〃ほめられる〃ということは自分が想像していたよりも、ずっとうれしいことだった。でも僕が発したのは、結局「ご意見」にすぎなかったのかもしれない。それは「こうであったらいいのに！」「オレならこうするね」という、テレビの前や居酒屋の与太話となんら変わりない。そのことは、いつも忘れてはいけないと思う。そして、すぐれた人物は、ほぼ例外なく、かかわる人をその気にさせ〃のせる〃のが、抜群にうまいのだ。僕はのせられた。

本屋さんになる

仕事に就くと時間がとれなくなるような予感がしたので（それは的中した）、卒業を機会にふたつの場所を訪れることにした。唐の時代に弘法大師が、密教の法を授かった中国の西安（当時の長安）にある青龍寺《しょうりゅうじ》と、イタリアのセリエAのサッカーチーム（ASローマ）で活躍する中田英寿選手の試合観戦だ。もうそこにはいない人の残したものと、今生きている人の強烈な存在感、その両方から大きなものを受けとったように思う。

卒業後、僕はそのままお寺に戻り僧侶として生活を始めるのではなく、まず地元書店の社員として働くことにした。内定前の面接では面接官から、

「あなたは他の宗教の本を売れますか？」

というストレートな質問を真顔でされて、思わず笑い出しそうになったけれど、本好きな性格が自然と伝わったのか、しばらくして内定通知を受けとることができた。

高野山大学の密教学科出身で書店から内定をもらったのは結構な珍品だったらしく、「三回生就職セミナー」の講師を依頼されたほどだった。しかし聴講した学生は三名ほどで、しか

も、そのうちのひとりの若い僧侶は眠っていた。

就職することを決めたのは、お寺に戻ってから接するのは、僧侶以外の人が多いので、彼らがどんなふうに生活を送り、生活の糧《かて》となるお金を稼いでいるのかを知るためにも、まずは社会の中に混じって働いてみるのがいい方法だと思ったからだった。

赴任になった店で担当したのは、文学書、雑誌全般、新書、パソコン書などだった。小さな店だったので新入社員の僕が、店の主要部門の多くを受け持つ。朝早く入荷してきた雑誌を店に運び込み、新刊の本を店頭に並べ、返品、注文、掃除、レジ締めの日々は、想像していたよりもずっとハードな日々だったけれど、「本屋さん」という空間自体が大好きな場所だったので、優秀な社員ではちっともなかったけれど、意外と向いている仕事だったのかもしれない。

新興宗教の本を、信者の人が驚くほど大量に購入することも少なくなかったので、そんな場面では意外と現代宗教の生のシーンに出会えた。

坊さんのはじまりは突然に

働き始めて一年が経過し、はじめての異動も経験した頃、僕や家族、お寺にとって大きな出来事がおこった。栄福寺《えいふくじ》の住職として働く祖父が、お葬式の途中で体調を崩したのだ。疲れがたまっていたか、貧血かなにかだろうと、母に連れられて軽い気持ちで検査に訪れた病院での検査結果は、信じがたいものだった。

「末期のガンであり、手術することさえむずかしい」

家族に伝えられたその事実はあまりにも過酷なものだった。ガンは時に不思議な病気で、ほとんど自覚症状のない祖父は、

「病院の食事は少ないので、下の食堂で定食を食べてやったよ。はっはっはっは」

と快活に笑っていた。でも今から思えばそれは、ただ事ではない気配を感じた祖父が、とり乱している、唯一の弟子である僕に対して、「まぁ、落ち着けよ」ということを、言ってくれたのではないかと思う。即、入院となったその日は、僕の二十四歳の誕生日でもあった。その日に会うことになっていた人に、会えなくなったという連絡をしながら、「大変なことになったな」と思った。

祖父のいなくなったお寺で、僕の「坊さん」としての仕事は、あわただしくスタートした。お寺で行なわれるさまざまな儀式、檀家《だんか》さんの自宅を訪問しての年忌法要《ねんきほうよう》（法事）、お盆のお参り、信者さんへの法話。祖父に相談しながら、夢中で執り行なった儀式を終えるたびに、病室を訪ねると、祖父は今まで見たこともないような笑顔でそれを喜んでくれた。

しかし比較的、若かった祖父のガンは、遅くはないスピードで進行していった。体調がすぐれない日が多くなり、体は痩《や》せていった。寺の留守を守る僕にとって、祖父の死が現実的に迫っているらしいということは、目をそらすことのできない事態だった。僕は書店での仕事の引き継ぎを終えると退職させてもらい、後を継ぐ弟子、遺弟《ゆいてい》という立場で祖父のお葬式で自分が着ることになる、すべてが真っ白で構成された特別な法衣《ほうえ》を用意した。そして、勤務するために伸ばしていた髪を、ばっさり剃髪《ていはつ》した。

剃髪した姿で、祖父のお見舞いに行くと、もうしゃべることも苦しいような状態だったけれど、その表情は「おっ」というすこし生気のある顔になり、すぐにイタズラっぽい笑顔を浮かべた。祖父が元気な時によく見せた茶目っ気のある表情だ。元気だったらなんと言ったのだろう？　しかし、彼は無言のまま僕の頭に手を伸ばした。「お別れ」の儀式のような気がして僕はさびしい気持ちになってしまったけれど、それは本当にお別れの合図になった。

僕が帰宅した後、祖父は亡くなった。

栄福寺での葬儀では、本当にたくさんの人たちがお寺に集まってくれた。祖父は定年退職まで高校の教師をしていたので、教え子の姿も何人か見える。物々しい境内《けいだい》の様子と、多くの僧侶の姿を見た参拝のお遍路さんが穏やかに僕に声をかける。

「すごいですね。今日はなんのお祭りですか？」

僕は、祖父を失ったかなしい気持ちと「自分がやるんだ」という強い気持ちの両方が交錯《こうさく》するまま、儀式が進行する様子を見守っていた。不安な気持ちも、もちろんあった。

儀式を終えた祖父の亡骸《なきがら》は、信者さんや家族の手で本堂から運ばれ、境内に用意された「発《ほっ》心《しん》」「修行」「菩提《ぼだい》」「涅槃《ねはん》」の四つの門を廻《まわ》っていく。

その先頭に立つ僕の心にある歌のメロディーと歌詞が、不意にこだますように聞こえてきた。それは、中村一義さんの『ハレルヤ』という歌だった。僧侶の葬式で、自分がふと思い浮かんだ「歌」が『ハレルヤ』という曲名であることに、自分で抵抗を感じながらも、僕はすこし心の中で笑い、感情が流れるままにしておいた（その歌は宗教的な歌ではなく、ロックだ）。

「舞い上がれ、さぁ、上がれ、舞い上がれ、願いを言え」

「傷、歓びも、明日の夢、ふわっと、みんな大空を舞うとして。

舞い上がれ、さぁ、上がれ、舞い上がれ、願いを言え」

その歌のリフレインを僕はほとんど声に出して口ずさみながら、祖父のなにかが軽やかに、空に向かって上昇していくといいなと思った。そして、ここに残った僕が口にするのは、願いなのだ。それが、生きるということなのだ。そう思った。

「僕は生きているので、願いを言わなきゃな」

そんなことを考えながら、栄福寺住職である祖父を送った。

II

坊さんという仕事

「意通ずれば則《すなは》ち傾《けい》蓋《がい》の遇《ぐう》」ノ巻

「誇りに気づく」

はじめて僧侶として向きあうお葬式

お坊さんの仕事ってどんな仕事があるの？

そんなことをよく聞かれる。もちろん一番大事な仕事は、仏教を学び、受け取り、それを提案することにあると僕は思う。それが一番の基本的で大事な仕事であることを、忙しい日常の中で忘れがちになってしまうこともあるので注意しないとな、と時々考える。

しかしその他にも、本当に多種多様な仕事がある。たとえば境内を整備する時には、業者を選定し、合見積《あいみつ》もりをとったりする仕事や、お寺の新しいお守りや数珠《じゅず》を企画したりすることもある。そして毎日の掃除、お勤め、行事の準備・執行、縁日《えんにち》のお札配り、除夜《じょや》の鐘《かね》、宗教法人としての法的整備、仏教会や霊場会などの会議への出席。さまざまな仕事がある。

そんな僧侶一年生として、あわただしい日々を送る僕のところに、再び「死」の知らせがやってきた。栄福寺の檀家《だんか》さんが亡くなられたのだ。

その儀式を執り行なうのは、これからは僕の役割になる。しかし高野山《こうやさん》で修めた修行と葬儀の作法はまったく別のものなので、今回だけは、導師と呼ばれる僧侶の中心的な役割は親戚のお坊さんにお願いして、僕は伴僧《ばんそう》としてお経をあげる役割を担うことになった。それでも、僕がはじめて僧侶として向きあうことになる「お葬式」になる。

「糸を繰ってひろげて、いかなる織物を織りなそうとも、織る材料（糸巻き）が残り僅《わず》かになってしまうように、人の命も同様である」（『ウダーナヴァルガ』―感興のことば―第一章一三）

仏の教えは僕たちの命が有限であることを、繰り返し見つめるんだと何度も告げる。

亡くなった方の農村にある自宅を訪れると、そこが葬儀の場所であるにもかかわらず、喪服《もふく》の方がほとんどいないことに、僕はまず驚いた。そこに集まったほとんどの方が、作業がしやすい〝野良着《のらぎ》〟を着たまま集まっているのだ。後でそのことを聞いてみると、「なにはともあれ駆《か》けつけました。できることがあれば、なんでも手伝います」というメッセージがその服装には、込められているということらしい。

そして、亡くなった方が高齢で幸せな大往生だったからだとは思うけれど、多くの人がガヤガヤ、ゲラゲラと世間話をしながら笑いあっている。僕が今まで経験した街のお葬式のように、暗黙の了解の中で「とりあえず神妙な表情を」というような雰囲気は皆無で、なんだかカジュアルな雰囲気だ。中にはクワを担《かつ》いでいる人もいる（本当に駆けつけたのだろう）。

しかし実際の遺体を前にして、家族や親戚、友人が見守る中で故人のためにお経をあげるなんてことは、今までの人生の中ではじめての経験なので、僕は心底、緊張していた。だいいち、誰かの「亡くなった体」を見たりすることさえ、普段の生活ではほとんどないことだ。

「葬式仏教」より大切なもの

儀式が始まり、坊さんたちが鐘を鳴らしお経を唱えると、その場所に変化が訪れた。とはいっても、目に見えるものはなにも変わってはいない。騒がしかった人たちが、さっと静かになり、家族や友人たちの何人かがすすり泣き始めた。僕は、亡くなった人の供養《くよう》を祈る気持ちを見失わないようにしながら、無我夢中《むがむちゅう》で懸命にお経を唱えた。

その時、僕が感じたのは、本当に不思議な感覚だった。「今、自分がやっていることは、間違いなく〝意味のある〟行為だ。なにかの役に立っていることだ」というたしかな温度のある「ふるえ」のようなものが、僕に、じんわりと手にとるように伝わってきた。

「葬式仏教」という言葉は、お寺に育った僕たち「お寺の子ども」にとって、本当に刺すように痛い言葉でもあった。自分が生活をさせてもらっている〝仕事〟に対しての、軽蔑を含んだ冷めた視線。そして、なによりも僕たちを混乱させたのは、その矛盾や不満が必ずしも見当外れの視点だけではないことを、どこかで僕たち自身も感じている点だった。

高野山大学の学生だった頃、何人かで旅行に行った時、同じ部屋に居合わせたのが、全員お寺の息子だったことがあった。布団に潜《もぐ》り込み、枕を抱えながら、電気を消す直前の女人《によにん》禁制、男子トーク。誰かが口を開く。恋愛話ではなかった。

「このままで、お寺って、ずっとあると思う?」

しばらく続いた沈黙の後、普段、一番やんちゃな、巨大な規模を誇る大寺院の息子が沈黙を破った。

「無理やで。なくなるかもやで。オレはそう思うで」

「僕もこのままじゃ正直きつい部分もあると思う」

「なんで、お前、急に東京弁やねん」

どつき、どつかれながらのアホな会話に笑いあいながらも、お寺で生まれ育った人たちの声は、僕にとってもなんだか切実に響くところがあった。

「アユム、お前はどう思う?」

黙っていた僕にも声がかかる。

「わからんなー、どうやろ。オレは途中から寺で育ったからな。でも、あるんちゃうか」

本当にわからなかったので、そう答えたと思う。


そして、僧侶として寺に戻った僕は、「葬式仏教」〝なんか〟よりも大事ななにかが仏教にはあることを、自分の言葉で語りたいと思い始めていた。

でも今、「お葬式」の現場でお経を唱えている自分は、動かしがたい大切な心を感じている。

それもひとつの現実だった。


「人の相知ること、必ずしも対面して久しく語《かた》るに在《あ》らず。意通ずれば則《すなは》ち傾蓋《けいがい》の遇《ぐう》なり」

（弘法大師　空海『遍照発揮性霊集《へんじょうほっきしょうりょうしゅう》』巻第二）

【現代語訳　人が互いに理解しあうのは、対面して長時間語りあう必要があるとは限らない。心が通ずれば、車の蓋《ほろ》を傾けて語りあう出会いとなる】


お葬式に集まった人々は、僕にとってはじめて会う人も多く、多くの会話をしたわけでもなかった。でもたしかに僕たちは言葉にすることの難しい、だからこそ大事ななにかを交わしあっていた。その真ん中には、すとんと軽やかに〝死〟という存在があって、僕たちを沈黙のまま見つめていた。

仏教の智慧《ちえ》で「生きる」ことをもっと考えたい。そのことを、僕は今も大切な初心としてもっているつもりだ。しかし多くの年月の中で、たくさんの人たちが、友だちや親や自分自身の〝死〟を「仏教」や「お寺」や「坊さん」に託してきたことには、なおざりにはできない大切な意味が込められているように、僕には感じられた。あの時、旅行先の部屋で話した同級生たちは、どう思っているだろう？　いつか、話してみたい。

葬儀の儀式が終わり、集まった地元の人たちで葬列を組んで、亡者を生まれ育った場所から火葬場へ送り出す。坊さんたちは、家族に大事に抱え持たれている位牌《いはい》と遺影の間を歩き、葬列が通ることを、鐃鉢《にょうばち》という楽器を鳴らし、告げる。道の途中では葬儀に参加できなかった人たちが、農作業の手をとめて、手を振ったり、合掌《がっしょう》したりしている。

葬列の旗が綺麗に風ではためいている。その四本の旗には、僧侶の手でこんな言葉が書かれていた。

「諸行無常《しょぎょうむじょう》」（すべてのことは変化し続ける）

「是生滅法《ぜしょうめっぽう》」（これが生まれ滅することの法である）
「生滅滅已《しょうめつめつい》」（生まれ滅することを終えて）
「寂滅為楽《じゃくめついらく》」（涅槃《ねはん》は本当の楽である）

『涅槃経』の「雪山偈《せっせんげ》」という部分だ。大学の教室で学んだお経の一節が、今日は死者のために、空に向かって提示される。それを掲げている地元のおっちゃんたちは、すこし誇らしげな表情だ。

僕がはじめて経験した「お葬式」の風景は、本当に素敵な光景だった。子どもの頃から「死」は怖い嫌な存在で、霊柩車《れいきゅうしゃ》を街で見かけると、親が死なないように親指を隠したりしていた（友だちの多くがそうしていた）。でも僕がこの日、目にしたのは、死を恐れ悲しみながらも、その存在を自分たちから遠ざけようとするのではなく、自分の中に抱きしめようとするような、そんな風景だった。

そして、たぶんこれから一生、そんな場面に「坊さん」としてかかわっていく自分の職業を誇りに思った。

それは、本当に特別で大切な感情だった。

「文字の義用《ぎよう》、大いなる哉《かな》、遠い哉」ノ巻

「細かなことに思いを込めて」

墓石レクチャー

「どんなお墓をつくったらいいんだろう？」

なんてことを、今までの人生で考えたことはなかった。しかし、住職である祖父が亡くなり、後を引き継ぐ弟子として、祖父の墓を計画、建立《こんりゅう》することになった。

仏教の歴史についての話を聞いていると、僧侶と葬式や埋葬の儀式は、もともとは無関係であったとか、釈尊《しゃくそん》のお葬式も、出家《しゅっけ》集団以外の信者たちが執り行なったと考えられる、ということを聞いたりして、坊さんである僕も単純に「へー、そうだったの？」と思ったりすることもあるのだけれど、むしろ僕は、「なぜ、〝今〟死に関する儀式を、仏教のお坊さんが担当することが多いのか」ということを、よく考えているような気がする。チベットなどの仏教でも「死」という存在がさまざまな思想や場面で「これでもか」というほど登場するし、平安時代に弘法大師が書かれた文章を読んでいても、その頃にはすでに、亡くなった人の追善供養《ついぜんくよう》の儀式を行なっていたことは、たしかなようだ。

「栄《さか》える人を識別することは易《やす》く、破滅を識別することも易い。理法を愛する人は栄え、理法を嫌う人は敗《やぶ》れる」(『スッタニパータ』九二)

こんなクールな言葉でも想像できるように、仏教は一般に日本で考えられるイメージよりも、ずっと理知的な側面をもっている。「さとり」や「しあわせ」のための〝しくみ〟を探求して論理的作戦をすこしずつ積み上げていっているようにも見えることがある。「坊さん」といえば「葬式」という、現代の感覚はそういう意味では、とてもかたよった状態といえる。

しかし、それでも「坊さん」と「死」は、やはりとても近しい存在だと僕は思う。人がすこしでも、「生命」や「生きる」ということについて、深く思いを巡らしたとしたら、そこに間違いなく登場するのは「死」だ。そんなことを考えることの多い「仏教」の「坊さん」に死の儀礼を人々が任せ始めたことは、むしろ自然な流れだったのかもしれないし、僕は今でもその役割を担わせてもらうことが、「大きな意味のあることだな」と感じることが多い。

とにかくにも僕は、お墓をつくらなければならないのだ。

とはいってもお墓に関しては、僕は完全な素人なので、まず大きな墓地をもつお寺の住職さんに相談することにした。

そのお寺を訪れた僕に住職さんは、丁寧に「墓石レクチャー」をしてくださった。

「ほら、これは最高級の大島石《おおしまいし》。キメの細かさがわかるかな。あっちは中国材。そして、これが、ふふふ、驚くなかれ庵治石《あじいし》だ！」

坊さん初心者の僕からすれば、満面の笑みをたたえた住職のお話は、少々マニアックにも聞こえたが、そう言われると産地や加工法によって雰囲気や風合いが、少なからず違うような気がしてきた。しかし、石でできた椅子に腰掛けて、偶然居合わせた石屋さんの話を聞いていると、

「たとえば和尚《おしょう》さんが座っている石と、私が座っている石、値段が三倍ほど違います」

「どう見ても、同じような石に見えますけれど。全然、違いがわかりません」

「ははは、あのですね、わかったら石屋になれるんです」

とのことだったので、やはりこの世界もかなり奥が深いようだ。

昔のお墓が好きなのに

「墓石レクチャー」を終えて、どんなお墓がいいのか素直に考えてみると、まず加工法は、現代のお墓がよくしてあるような、ピカピカに磨いてある石よりも、昔のお墓のようなすこしザラザラした風合いが残った「たたき」の質感のほうが、個人的に好きだと思ったし、祖父のやわらかいイメージにもぴったりのような気がしてきた。しかし、その話を家族や親戚にすると、反対する人が少なからずいた。

お寺で年輩の人とかかわっているとすぐにわかることなのだけれど、多くのお年寄りは意外に進歩的だ。おそらく高齢の人は、歴史的に見ても特異な技術発展の中で生きているので（昭和初期と現代の生活を、煮《に》炊《た》きから電気器具まで比べると歴然としているように思う）意外と新しい存在のほうを支持することが多く、〝過去のもの〟に対して思いのほか冷徹な側面がある。もしかしたら、戦争での体験のようなことも影響しているのかもしれない。

お墓の場合も、新しく登場してきた磨きの光《こう》沢《たく》に「高級感」という価値を見出している人が多かった。しかも、僕の住んでいる今治《いまばり》市は名石とされる大島石の産地で、この大島石は磨くと特に美しいという人が多く、「どうして、わざわざ昔の方法でやるの」とずいぶん言われてしまった。しかし他のお坊さんに相談すると、僕の考え方を支持してくれる方も多かった。
お墓の形は、「五輪塔《ごりんとう》」という密教で供養塔や墓によく用いられる形を選んだ。仏教の世界観の中で、あらゆるものの構成要素は、地・水・火・風の四大《しだい》からなると考えられてきた。密教では、そこに「空間」（虚空）をあらわす空大《くうだい》を加え、五大《ごだい》となる（識大《しきだい》を加えると六大《ろくだい》）。それを、さまざまな形（下から四角、円、三角、半月、宝珠《ほうしゅ》）であらわした石塔を建立するのだ。お墓にはその五大をあらわした（上から）キャ・カ・ラ・バ・アという文字（原語に忠実に発音するとクヮ・ハ・ラ・ヴァ・ア）を古代インドの文字、梵字《ぼんじ》で刻む。お墓に仏教の世界、宇宙を構築していくのだ。弘法大師は、〝文字〟のもつはたらきと神秘的な力をとても重要視した。

「悉曇《しったん》の妙章、梵書の字母、体、先仏《せんぶつ》より凝《こ》り、理、種智《しゅち》を含めり。字は生の終《をはり》を絡《まつ》ひ、用《ゆう》、群命《ぐんめい》を断ず（中略）文字の義用《ぎよう》、大いなる哉《かな》、遠い哉」（弘法大師　空海『遍照発揮性《へんじょうほっきしょう》霊集《りょうしゅう》』巻第四）

【現代語訳　インドの悉曇《しったん》文字の十八の各章、摩多《また》・体文《たいもん》より成る梵字《ぼんじ》の字母《じも》など、その書体は、仏が世に出《い》でます以前から定まり、その文字のもつ理法は一切の種智（すべての存在の相を知る仏の全智）を含んでいる。文字は人の生死の始めや終りにかかわりなく永遠に及び、文字のはたらきはあらゆる迷いを断つ（中略）文字の意義と功用は、まことに広大であ

ることよ、深遠であることよ】

こういった密教の文字や言葉に対する繊細なとらえ方は、古来より言霊《ことだま》のような感覚を強くもつ日本人の心情にも、しっくりとくる場合が多いようだ。この梵字は、やはり僧侶である祖父の兄に書いてもらい、石屋さんに渡すことにした。お坊さんの世界では、今では既製品が当たり前になっている存在にも、手作りの部分が結構、残っている。

お墓のさまざまなことが決まっていったが、いろいろな意見が出た加工法については、棚上《たなあ》げになっていた。しかし、ある日、相談に乗ってくれているお坊さんから、

「じつは前々から、気になっているお墓があるんだよ。連れていってあげるから、今から見に行ってみない？」

というお誘いがあった。訪れたお寺にある、そのお目当てのお墓の加工法は、ちょうど「たたき」と「磨き」の中間のような質感で、マットな素材感だった。いわゆる「ツヤ消し」のような雰囲気だ。

「あっ、これは、いいですね」

「うん。これならミッセイさんがこだわっている自然な風合いも残っているし、荘厳《そうごん》な感じだってある。今残っている昔のお墓も、時代を経て荒々しい感じになっているけど、もともと

はこんな感じだったのかもね」

「あー、そうかもしれないですね。うん、うん、いいなぁ」

ということになって、早速、石屋さんに相談に行くことになった。

「あのテのやり方は、石を選びます。目がすごく細かい石じゃないと。そうだなぁ。庵治石とか、ポルトガル、そう、インドでも出ます」

〝インド〟と聞いて僕はすぐに「ああ、その石を使おう」と思った。こういう時は直感にかぎる。インドで生まれた仏教の教えを、めぐりめぐって受けた日本の僧侶が、再びインドの石に戻っていく、そんな風景が物語のようで綺麗だと思ったのだ。

「インドの石で、お墓をつくろうと思います」

数カ月後、完成したお墓の引き渡しがあった。

「インド石の五輪塔を支える部分には地元の大島石を使いました。そして、その他の部分には、中国の石をね」

石屋さんが、僕をちらっと見てニヤリと笑う。仏教が日本まで伝わってきた「三国伝来《さんごくでんらい》」をイメージした、という意味だろうか。僕も、にやりと笑い返した。

「そして、これが当社の特許です」

とユニット式になった構造や、カギ付きのシステムについて説明をしてくださった。なんだかよくわからないけれど、お墓の世界も進化しているらしい。

思い出の再生装置

お坊さんを始めると、「最近は、お骨《こつ》を海にまいたりすることもあるんですね。私もお墓は、いらないかも、って時々思うんです」という意味の話を聞くことが、たまにある。いろいろな価値観や選択肢があって当然だから、僕はそれは各人の自由だと思うけれど、個人的にはお墓のことをじっくり考えてみたり、思いを込めようとすることは、なんだか興味深いことだった。普段は考えることの少ない、自分なりの「死生観」というのが、わずかであっても必ず必要になるからだ。

そして、そんなお墓の話になったら、「もしかしたらお墓は生きている人のためにも、つくるものかもしれませんね。亡くなった人と話したい、手を合わしたい、という時に、やりやすいですから」と正直に思ったことを話すと、「あっ、それも、そうだね」と意外と納得する人が多かった。〝思い出の再生装置〟。そんな機能をお墓や埋葬に関するあれこれは、僕たちの中でひっそりと、じっくり担ってきたのかもしれない。死者のために「墓をつくり、飾る。そして祈る」。考えてみたら、それは想像以上に繊細な行為だ。「人間が人間たる場所」の大切なひとつだと思う。そういえば、やはり僧侶であった僕の曾祖父《そうそふ》は「土に帰りたい」という、ひとことの遺言で、当時としても珍しかった土葬で埋葬したと記憶している。「死」はやはり、客観的なものでありながら主観的なものでもある。あるいは、そのどちらでもないことを「死」と呼ぶのかもしれない。

また僕自身は、光沢《こうたく》をもった墓石を選ばなかったけれど、釈尊が残されたと伝えられる言葉の中には、「制御された心は、四面に真珠の光沢をたたえた、石にたとえなければならない」という言葉もある。まるで現代の日本人がつくる、もっともポピュラーな形のお墓のようだ。この言葉は「この石は中庭に置かれて、雨にさらされている。しかし、雨によってもその形は崩れないし、太陽に熱せられても溶けないし、風が吹いても飛ばされたりしない。制御された心は、こういう石に似ているのである」と続く。

僧侶として墓地を訪れて、たくさんのお墓を眺めながらこの言葉を思い出すと、「人の無意識は、じつはいろいろなことを知っているんじゃないかな。日本人は無関心に見えて、意外と宗教心が強い人たちなのかな」なんてことを考えたりするのだ。

「百僧尅《こく》念《ねん》して、『大《だい》般《はん》若《にゃ》経《きょう》』を転読」ノ巻

「遠くのものに耳を澄まし、新しい声を探す」

叫ぶ坊さん

叫ぶ坊さんを見てしまった。それどころか、自分も叫んでしまった。

「大般若法要《だいはんにゃほうよう》」という儀式をはじめて経験したのだ。

今までの「坊さん生活」の中で、印象的なシーンは、おもに人の生死にかかわることが多かったけれど、今回のような仏教に伝わる「教え」をテーマにしたような儀式を執り行なうことは、坊さんの仕事でも、大切なことのひとつだ。

大般若法要は、他の儀式と比べても特異な点がいくつかあり、初体験の僕は、準備の段階からプレッシャーを感じていた。

まず、なによりも想像できなかったのが、坊さんが「叫ぶ」らしいということだった。「ここでね、お坊さんが全員、叫ぶから」「叫ぶんですか？」「そう、叫ぶ」と、行事の進め方を事前に教えてくださったお坊さんに言われて、不思議な気分になった。

「僕も……、ですよね？」「当然だよ、お坊さんだもん」

そして他にも、その儀式の中で当番寺の住職である僕が、たくさんのお坊さんを前にしてひとりでお唱えする部分が、かなりあるのだ。つまり僕のソロ・パートが存在する。しかもその部分は、一般的によく聞くようなお経の朗々とした調子とは趣《おもむき》がかなり異なっていて、メロディーのような「節《ふし》」があり、「スカシ」と呼ばれる裏声を出す部分まである。僕は高野山《こうやさん》の僧侶が吹き込んだ手本のテープを入手して、ラジカセの前で腕組みをして聞きながら困ってしまった。練習が順調に進まないのだ。この儀式は僕の住んでいる地域の新年行事でもあり、五穀豊穣《ごこくほうじょう》や家内安全を祈願する地元の人や、栄福寺《えいふくじ》を信仰する信者グループ「講《こう》」の人たちが訪れる。そんなことを考えると、一年生僧侶の僕は、たじろいでしまった。

そこで僕は、このテープをＭＤに録音して、ドライブに連れ出すことにした。もちろんデートではない、ひとりのドライブだ。せまい車内に「教《きょう》の最尊《さいそん》なるはー、般若経《はんにゃきょう》ー」という甲高《かんだか》い声や、「至心発願《ししんほつがん》　転読般若《てんどくはんにゃ》　功徳威力《くどくいりき》」といった渋いフレーズが、大音量で鳴り響く。僕も時々、ハミングするように一緒に口ずさむ。少し不謹慎《ふきんしん》な気もしたけれど、「誰かがずっと愛してきた音楽やメッセージ」のような気分で、このお経に接すると、今までよりもずっと親密な気分になれた気がした。

そしてなんとかペースをつかみ、毎日練習を重ねて儀式当日を迎えた。前日の夜に、僕が相当に緊張していることを知った老僧が、突然、寺を訪問してくださり、僕の唱える部分を聞いてくださった。

「うん、まったく問題なし！」

いよいよ当日の儀式は始まり、いきなり僕の「ソロ」である仏法への帰依《きえ》の言葉からスタートする。そして儀式がある段階に進んだ時に、お坊さんが猛然と叫び始めた。

「だいはんにゃー！」

「だーいっ、はんにゃや」

普段は、おとなしい知的なお坊さんも、立っていることさえ、やっとかと思われた老僧も、それぞれの個性溢れる叫び方で、このお経『大般若波羅蜜多経《はらみったきょう》』の経題をあらん限りの声をふり絞って何度も大声で叫びまくっている。僕は、このものすごいインパクトに一瞬、自分が叫ぶのも忘れていたけれど、我に返り腹の底から声を出して叫んだ。

「ダイハンニャ、ハラミタキョウ！」

〝個〟から離れて輝く「新しい個」

『大般若経《だいはんにゃきょう》』はさまざまな時代に成立した般若経典《はんにゃきょうてん》群を集大成したもので、般若経典はそれまでの仏教から大きな展開を見せ、修行者、出家者のみではなくて、普通の生活を送る人々をも救うという視点を強く視野に入れた「大乗仏教」を宣言したといわれている。その〝他者のために〟という「慈悲《じひ》の心」をもつこと、そして「空《くう》」の思想は、大乗仏教や般若経典の大きな特徴だ。

　あらゆるもの、「私」や「他者」さえも「空」であり「本来は固定された実体をもたない」と理解すると、「慈悲の心をもつこと」は、ひとりひとりの幸せのために合理的な行動だとわかるのだと、僕は繰り返し師から伝えられた。そのあらゆるものが「固定された実体をもたない」のはなぜかということは、すべてのものが、それ以外のものとの関連性によって成っているから、と説明される。つまりたとえば「ラーメン」がラーメンそのものだけで、ラーメンとなりえているわけではなく、ラーメンを食べる人やうどんなど、ラーメン以外の存在との関係性の中でこそ「ラーメン」になっていると考えているわけだ。「空」の思想においては、他者や自我という境界線は解き放たれるので、自分と同じように他者を考えることができ、自然とやさしい慈悲の心がおこってくる、とされる。

「須菩提《しゅぼだい》よ。もし菩薩《ぼさつ》に、我相《がそう》・人相《じんそう》・衆生相《しゅじょうそう》・寿者相《じゅしゃそう》有《あ》らば、すなわち、菩薩に非《あら》ざればなり」（『金剛般若経《こんごうはんにゃきょう》』漢文書き下し文）

【スブーティよ。だれでも〈自我という思い〉をおこしたり、〈生きているものという思い〉や、〈個体という思い〉や、〈個人という思い〉などをおこしたりするものは、もはや求道者とは言われないからだ】(『金剛般若経』サンスクリット原文和訳、中村元)

「大般若!」という「叫び」の中には、その思想に対する高ぶる気持ちや、宣誓の気分が込められているのかな、と僕は想像した。正直にいうと、僕もいつも「空」の世界を意識して考えられるわけではないけれど、驚くほどスッと「あ、ホント、そうだよなぁ、〝私〟ってある意味で、現象のようなものでもあるよな」と納得してしまう瞬間が訪れることがある。「空の理解は、簡単なことではないので、繰り返し、繰り返し、考えてください、そしてこころになじませてください」。そう優しく言ってくださった師の言葉を時々思い出す。そして普段の生活の中で、ずっと〝個〟から離れることは難しくても、おりに触れて、そのことに思いを巡らしたり、「なんとなく、わかるかも」と実感することは、僕たちが生き、そして死んでいくことにとって意義深いものだと感じている。またこれは、僕の感じ方だけれど、「個」を部分的にでも解放してこそ、輝いてくる「新しい個」というものもあるんじゃないかと思う。

「大般若っ」と叫んだ僧侶たちは続いて、この経典を漢文に翻訳し、『西遊記』の物語でも有名な三蔵法師《さんぞうほうし》、玄奘《げんじょう》の名前も同じぐらい大きな声で唱える。

「唐の三蔵法師、玄奘、奉《ぶ》上訳《じょうやく》！」

違う国（唐《とう》代の中国）のお坊さんの名前を、はるか昔から現代にいたるまで、誇らしげに大きな声に出す僧侶たちの姿は、国家や地域をこえた「チームプレイ」を続けているように僕には思えて、自分自身がその「チームメイト」の一員となったことに、誇りにも似たようなワクワクする気分を感じた。

「百僧尅念《こくねん》して、『大般若経』を転読し、三解脱門《さんげだつもん》を観念す。仰ぎ願はくは空空《くうくう》の一字、吾《わ》が民の業《げふ》を蕩《とろか》し、智智《ちち》の二理は、吾が君の福《ふく》を茂《しげ》くせん」（弘法大師　空海『続遍照発揮性《しょくへんじょうほっきしょう》霊集補闕鈔《りょうしゅうほけつしょう》』巻第八）

【現代語訳　多くの僧は思いを凝らして、『大般若経』を転読し、三つの解脱の教えに思いを深めた。なにとぞ願わくは、すべての災禍も、空の一字によって、万民の悪業を融《と》かし去って、すべての存在は仮《かり》のものにすぎぬという、人無我《にんむが》、法無我《ほうむが》の二つの道理によって、わが大君に幸せを多くもたらせたまえ】

これは、干ばつや疫病《えきびょう》が流行した平安時代、同じように大般若法要が行なわれた時の、弘法大師による願文《がんもん》の一部である。遠い昔から、自分という存在の不思議さを想った人たちの息吹《いぶき》や、仏の教えである「空」の力に感嘆する人たちの声が、今の自分につながってくるような思いが込み上げてきた。

二千年の時をこえて届いた声

また、この『大般若経』は六百巻で五百万字という、仏教経典の中でも桁違《けたちが》いの最大スケールなので、とてもこの儀式の時間内ではすべてを読経《どきょう》することはできない。そこでお坊さんたちは、真言《しんごん》を唱えながら、経典を大きくパラパラと上から下に広げる「転読《てんどく》」という作法でこのお経を奉じる。僕はそんなお坊さんたちに囲まれて中央に座り、本堂に安置していた祖父のお骨を前にして、自分なりに堂々と必死に力を込めて、儀式を終えた。頭の中を真っ白にしながら、とにかくなによりも、儀式を無事終えたことに安堵の気持ちをもったというのが正直なところだった。信者の長老がそっと僕に近づき、

「おっさん（僕の住んでいる地方では僧侶をそう呼ぶ、アクセントが「お」に強くかかる）、お経のほうは、もう大丈夫だね」

と声をかけてくれた。

一月、僕は近所の七ヶ寺のお寺でも、この大般若の法要に参加した。栄福寺では絶えてしまったけれど、いくつかの寺では、木のおみこしのような箱に『大般若経』を入れて、地域を練り歩く光景を見ることができた。僕はそんな場面に身を置きながら、エネルギーを失っているように思っていた、今に生きる人たちの〝信仰〟が、確固とした確信をもたない曖昧なものであっても、決して軽く見ることのできない大切なにかを、たしかに運んできていると感じていた。

そして同時に、どんな〝自分〟の声をそこに加えていくことができるのか、そんなことを考えていた。まだ、わからないことばかりだけれど、その余地はそこにきっとあるし、そうあることを求められている気もするのだ。仏教には「いいもの」がたくさん残っている。そこに耳を澄ませながらも「続き」を語ることだって、それと同じぐらい大事なことだと思う。仏教は「宗教」であるかぎり、古い形を伝えるだけのものではなく、本質的で現在進行形のライフスタイルのはずだ。

「坊さんが屁《へ》をこいだ」。僕が育った地方では、「ダルマさんが転んだ」と言う代わりに、子どもたちはそういう言葉で遊んでいた。想像だけど、坊さんが屁をこぐことが、きわめて稀《まれ》だったからだろうか。告白すると僕は、坊さんが屁をこいだシーンに何度も遭遇した経験があるけれど、「叫ぶ坊さん」は、それをはるかに凌《しの》ぐ印象的な存在であった。

そして、その姿はちょっと格好いい姿で、僕はそのことがうれしかった。


「そのとき、スブーティ長老は、法に感動して涙を流した。かれは涙を拭《ぬぐ》ってから、師に向かってこのように言った——師よ。すばらしいことです。幸《さち》ある人よ。まったくすばらしいことです。〈この上ない道に向かう人々〉のために、〈もっとも勝《すぐ》れた道に向かう人々〉のために、この法門を如来《にょらい》が説かれたということは。そして、師よ。それによって、私に智が生じたということは」(『金剛般若経』サンスクリット原文和訳、中村元)

大般若! そう叫ぶいつもの坊さんたちの声は、スブーティ長老が流した、智を歓喜する涙と無関係じゃないはず。

「しかし、師よ。この法門が説かれているときに、私がそれを受け入れ、理解するということは、それほど難しいことではありません。しかし、師よ。これから先、後の時世になって、第二の五百年代に正しい教えが亡《ほろ》びる頃に、ある人々がこの法門をとりあげて、記憶し、誦《とな》え、研究し、他の人々のために、詳しく説明するでありましょうが、その人々はもっ

ともすばらしい性質をそなえた者ということになるでありましょう」（『金剛般若経』サンスクリット原文和訳、中村元）

五百年どころか、二千年の時をこえて届いた経典という手紙。この経典を編んだ時から、その人は、未来の僕たちを見てくれていた。

そして今日、彼らの声を僕は聴いたのだ。

「かつて医王の薬を訪《とむら》はずんば」ノ巻

「まずやってみる」

オリジナル袈裟《けさ》をつくる

坊さんほど「オリジナル・アイテム」の多い職業も珍しいだろう。坊さんになったばかりの僕も、まるでロールプレイングゲームで主人公が、まず街の商店で鎧《よろい》や武器を買い揃《そろ》えるように、身の回りの〝坊さんアイテム〟を装備していった。

まずお寺を訪れたのは、僧侶用の着物を専門に扱う京都の法衣《ほうえ》店である。名刺には「衣棚通《ころもだなどお》り」という、いかにもな住所が記載してあり、本場の香りがプンプンする。「京都の法衣店が四国まで営業に来るなんて、便利な時代になったなぁ」と思ったのだけど、話を聞いてみると、先代のご主人から何十年ものおつき合いで、その時代は自転車をフェリーに乗せて、その自転車で四国のお寺を一軒一軒、訪問していたらしい。

自分専用の法衣を、まだほとんどもっていない僕は、いくつか注文することにした。

「ほな、測りましょか」

法衣屋さんが腕の長さや、腰の高さ、体のいろいろな部分のサイズを測ってくれた。そう、法衣はオーダーメイドらしいのだ。

「身長だけじゃ、ぴったしの着物は、できしませんで」

自信満々ににっこり笑う、ご主人の笑顔に冷静な表情で応えながらも、僕は高校生の時にファッション雑誌で「いつかは欲しいオーダーメイドシャツ」という特集を読んで、憧《あこが》れながらも手が出なかったことを思い出し、すこし興奮していた。ギンガムチェックが、坊さんの法衣に変わっただけだ。

「ちなみにオーダーのあつらえと、MとかLの既製サイズってどのぐらい値段が違うんですか」

「ウチの白衣やと三千円ぐらいしか変わりませんわ。どうせひとつ、ひとつ、つくるんですから」

なんだか僕は未知の世界に足を踏み入れているようだ。

続いて、僕の僧階《そうかい》（僧侶の位）で着ることが認められている色の色衣《しきえ》（着色された衣）も、新しく購入することにした。僧侶の位をいただいた時に、「〜色の衣をつけることを許可する」というような文書が交付されるのだ。僕の僧階では、「鳶色《とびいろ》」というトビの羽のような茶褐色《ちゃかっしょく》が許されている。なかなか渋い色で、日本の色のもつ詩情にはっとした。

僧階の位によって、衣の色が違うことに封建的な雰囲気を感じる人も多いようだ。正直にいうと僕もはじめて、チベット仏教の儀式に出席した時に、そこにおられた、たくさんのチベット僧のみなさんが、最高位のダライ・ラマ法王を含めて、まったく同じえんじ色の衣を身につけているのを目にした時は、「そうそう、そうこなくっちゃ」とひとりの僧侶として、深く腑《ふ》に落ちる気分になったのも事実だ。しかし、日本の僧侶は歴史的に国から認められた国家公務員のような時代も長かったので、組織の現実的な運営上そのような形態になったのかもしれない。僕もまずは、「郷《ごう》に入《い》った」のだから、それに倣《なら》うことから始めることにした。宗教は、その土地の風土や習慣から、僕たちの想像以上に大きく変化する。そしてそれを必ずしも悪いことだとは、僕は思わない。

日本に入る以前の仏教にも「色」に関する話が結構あって、そもそもお坊さんのつける「袈《け》裟《さ》」というものが、サンスクリット語を語源にもつ言葉で、漢訳すると「壊色《えじき》」「不正色《ふしょうしき》」「濁《だく》色《しょく》」といった意味になる。これは、古代インドの人たちが好んだ青・黄・赤・黒・白の〝五正色〟を避けた、くずれた綺麗でない色をあえて使うという意図がある。

僕の理解では、これには、一般的に考えられている「無価値」から「最上の価値」を見出そうとする、あるいは今までの「価値」をフラットにして「再考」をうながす〝思想的決意表明〟が込められている、と考えている。

「けがれた汚物を除《のぞ》いていないのに、黄褐色の法衣をまとおうと欲する人は、自制が無く真実も無いのであるから、黄褐色の法衣にふさわしくない」（『ダンマパダ』―法句経―九）

こんな言葉にドキッとしながらも、仏教のヘビー・メッセンジャーとしての部分が色濃く出ているような気分がして、僕はこの袈裟の話が好きだ。

そんなことを考えながら、僕はひとつのアイデアを思い浮かべた。お坊さんたち以外にも、この〝袈裟のスピリット〟を感じてほしい、ということだ。そこで、法衣屋さんにある相談を始めた。

「この素材と色で、〝仏教のIDカード〟のようなもの、つくれませんかね。小さな四角い布をヒモで首からかけるような感じで」

「ははははは。栄福寺《えいふくじ》さん、それじゃ、子どものよだれ掛けみたいに見えますわ」

僕はスケッチブックに完成予想図を描き、冗談ではないことを暗に告げる。本気なのだ。

「この袈裟の色の話は仏教の中でも、好きな話なんです。そして、たぶんとても大事な話でもあります。だから、ジャケットの上からでもTシャツの上からでも、クリスチャンの人たちが十字架のネックレスをするように、生活の中でも仏教の〝思想〟を感じてほしいなぁ、って思ったんですよ」

「つくれ言われたら、つくりまっせ。意外といいかもしれませんなぁ、聞いたことないけど」

「聞いたことないなんて、いいですねー」

「……つくれ言われたら、つくりまっせ、見積もりしてみましょか」

この時の雑談はしばらくして実現し、「袈裟色のしるし」としてお寺で制作することになった。栄福寺のオリジナルアイテムの完成だ。僕が思うに、新しいことを始めようとする時には、戸惑《とまど》っている相手に同じテンションを求めたり、消極的なことを怒らないほうがいい。むしろまだ多くの人が気づいていないことに、わくわくしたほうがずっと建設的だし、精神衛生上すこやかだと思う。古い仏の教えの中には「論争」を禁じたものがいくつかあり、印象的に胸にとどまることがある。

「これらの論争が諸々の修行者の間に起ると、これらの人々には得意と失意とがある。ひとはこれを見て論争をやめるべきである。称讃を得ること以外には他に、なんの役にも立たないからである」(『スッタニパータ』八二八)

「(特殊な)偏見を固執して論争し、〝これのみが真理である〟と言う人々がいるならば、汝《なんじ》はかれらに言え、——〝論争が起こっても、汝と対論する者はここにいない〟と」(『スッタニパータ』八三二)

スパッとした言い方が、格好いい……。でも僕は討論が嫌いなほうではないので、こんな言葉をすこし不思議な気持ちで思い浮かべることがあった。歴史的に見ても、仏教思想を練り上げていくために問答や論争は有効に用いられてきたような印象もある。ブッダはなにを伝えたかったのだろうか?

「勝利からは怨《うら》みが起こる。敗れた人は苦しんで臥《ふ》す。勝敗をすてて、やすらぎに帰した人は、安らかに臥す」(『ダンマパダ』―法句経―二〇一)

「そんな時代じゃない」と、こんな言葉を一笑に付《ふ》すことだってできるだろう。そして意味があり楽しみのある「勝負」だってあるにちがいない。でもこの言葉の中にあるなにかが、しっかりと僕の心の部分を震わせる。じっくり味わいたい教えだと思う。

「きわめて短いローソク」と「魔《ま》除《よ》けサンゴ数珠《じゅず》」

オリジナル・アイテムを集める日々は続く。

四国八十八ヶ所のお寺である栄福寺には、毎日全国からたくさんのお遍路さんが巡礼に訪れる。八十歳をこえた祖母がお寺にお嫁に来て以来、戦争の日も震災の日も、ひとりもお遍路《へんろ》さんが訪れなかった日は、一日としてないということだ。

そこで巡拝に使うお線香やローソクなどもお寺で置いているので、それを納めてくれている業者の方とはじめてお会いする機会があった。書店に勤めていたので営業の方とお話しするのは、少し心得があるつもりだったけれど、やはりこちらも独特の世界だ。本日、一番のおすすめは、長さ二センチぐらいの「きわめて短いローソク」。これは小さな箱に驚くほどたくさん入るし、ずっと燭台《しょくだい》を独占して他の巡拝者に迷惑をかけることもなく、エコロジーの視点から見てもコロンブスの卵《たまご》的な、いいアイデアだと感心して仕入れてみたのだけれど、まったく人気はなかった。習慣のもつ力というのは、特に信仰において強力らしい。「なんだか落ち着くで成り立っている世界でもあるのだ。

その方が、

「これが倉庫で眠っていたんです。もう絶対この値段では出ません。今だけです」

という失礼ながら、いかにも怪しいことを言ってこられた。こういう時こそ経験を活かして、「はいはい、そうですか、絶対仕入れません」ということを考えながら（もちろん口には出さずに）続きを聞いていた。海唐松《うみからまつ》というサンゴでできた数珠《じゅず》用の玉である。黒く光沢があって、意外と軽く軽妙な迫力がある。はっきりいって好みだ。

「これ、どうですか。お寺に入られた記念に数珠をつくりませんか」

僕はずっと「初心僧侶は、安価な吉祥木《きっしょうぼく》である梅や榧《かや》を数珠に用いるのが望ましい」という高野山《こうやさん》時代に教えられたことを守っていた。また「高価なものなんて、使ってたまるか」という安易なパンク精神もあって、安くて一般的な木の数珠を使っていた。しかし、この数珠の玉が「海からやって来た」ものであることは大いに興味を惹かれた。僕のイメージの中で、海という存在は、命の源、発生体のような感覚が原風景としてずっとあった。気分が晴れない時に海をただ見ることも少なくなかった。

密教の僧侶は、修法中、数珠で真言《しんごん》の数をかぞえる。その数はとても多いので、未熟な僧侶の僕は、思わず集中が途切れることがたまにある。そこで海の中にあった数珠を使うのは、集中力を助ける意味でもいいな、と思い始めた。海を手に抱きながら、真言を唱える僧侶の姿は素直に仏教の風景として、しっくりくる。ちょっと調べてみると海唐松の別称は、「魔除《まよ》けサンゴ」とあり、お坊さんがお寺で使う数珠としても、本当にぴったりだ。僕は、またわくわくし始めてしまった。

「で、おいくらですか?」。僕のささやかなパンク僧的な気分は魔除けサンゴの前に完敗した。

しかし、この数珠を身につけるようにしてよかったと思う。実際に魔除け効果があったとか、そういったことは僕にはよくわからないけれど、この数珠を購入した経緯を知り合いや信者の方に話していると、興味深そうに、また意外そうに聞いてくれる人が多かったのだ。その意外さは、「えっ、自分が本当に考えていることを、古い仏教に取り込んでもいいの?」という気分のようだった。そして、それは長い間お寺や仏教を信仰してきた人たちにとっても爽快《そうかい》に感じられるらしい。

たぶん、いいのだ。仏教に自分の思いや、気持ちを対話させても、いいのだ。いや、勝手な僕の感情を吐露《とろ》するならば、そうしたほうが「宗教」は〝いいもの〟になりやすいと思う。

宗教は「もともとあるもの」ではない。人間が、一切の生きるものたちが、より生きやすく、〝しあわせ〟を得るために試行錯誤を重ねてきた方法論のひとつの過程でもある。だから僕は、これからも慎重に耳を澄ませながら、時に直感的に、自分自身と宗教を素直な心で対話させてみたい。

宗教や仏教にこれから小さくない可能性を見出すとしたら、今までどちらかといえば集団的、組織的な部分も大きかった信仰を、どこか「パーソナルなもの」としても再構築することも大切だと僕は思う。「チーム」をつくる時でも「個人」の少なすぎるチームは、強い弱いではなく、「よろこび」の少ないものではないかと僕は想像している。つまりいろいろなことを実現しにくい。ここでいう「パーソナル」ということは独我的《どくが》な意味ではなく、素直な「誰かがそうらしい、ではなくて、私がたしかに、そう感じる」という意味だ。

「かつて医王の薬を訪《とむら》はずんば、何《いづ》れの時にか大日《だいにち》の光を見ん」（弘法大師　空海『般若心経《はんにゃしんぎょう》秘鍵《ひけん》』)

【現代語訳　名医を訪れて薬を手に入れなければ、(病気をなおすことができないように、いつまでも迷いの世界に酔い眠りこけていては、)大日如来《だいにちにょらい》のさとりの光明をいったいいつの日に見ることができよう】

僕になにができるかはわからない。もちろん、なにもできないかもしれない。でもそんなことが誰にわかるだろう。まずは「訪れて」「やってみる」、そこから小さく始めてみたいと思う。

新しい法衣と数珠を手にし、そんなことを鼻息荒く考えながら、昔から「形から入るタイプだね」と言われることの多かった僕は、坊さんのオリジナル・アイテムに身を包み「ひひひ」と、鏡の前で不敵《ふてき》に笑った。

Ⅲ

「おっさん」として

「生まれ生まれ生まれ生まれて」ノ巻

「ありったけの力を尽くす」

「引導を渡す」導師となる

坊さんになってはじめての出張の予定が入った。

僕の所属する宗派（高野山真言宗《こうやさんしんごんしゅう》）が、「仏教を活かした心理カウンセリング」を行なうカウンセラーを養成する試みを始めることになり、スイスのユング研究所で分析家の資格を取得した臨床心理士や、医療の現場で働く人を講師として迎える講座をスタートすることになったのだ。僧侶にかぎらず、看護師や興味をもった主婦の方、一般企業に勤めるエンジニアなどさまざまな人が参加する予定になっている。

僕は自分の性格から考えて実際のカウンセラーとして活動するのは難しいと感じながらも、心理学の扱う「無意識」の世界と仏教や密教の世界は、深いところで関連しあっているような印象がしていたので、この講座に参加することにしていた。

出発前日の夜、お堂の施錠《せじょう》もすませ、翌日早朝の出発を待つばかりだった。ここで一本の電話が鳴る。電話をとった母の話す内容をわずかに聞いただけで、すべての予定は白紙になったことを瞬間的に理解する。

「ミッセイさん、お葬式です」

誰の死も、その予定をスケジュール帳に書き込むなんてことはできない。つまり坊さんも、いつ何時《なんどき》、その場所に呼ばれるかは、まったく予想ができないことなのだ。

今回、檀家《だんか》さんが亡くなったので、僕は僧侶になってはじめて、僧侶の中心的存在、〝導師《どうし》〟として、亡くなった方に「引導を渡す」役割を担うことになった。経験のないことをするのは、もちろん怖《こわ》い。しかもそれは、亡くなった本人にとっても家族にとっても本当に繊細な場面であることは間違いない。しかし「行く奴はお前しかいないんだよ」と自分に声をかけ、ぐっと胸を張って前を向くと、今まで生きてきた中で一番、まともな表情をしているような気分にもなった。

出張のキャンセルのために、いろいろなところに連絡をすませると、僕はまず「枕経《まくらぎょう》」をあげに故人の自宅へ向かう。そして亡骸《なきがら》の前に座り、顔にかけられた白い布をそっと取ると、樒《しきみ》の葉を水にひたし、唇に水をつけ亡者の渇《かわ》いた喉《のど》を潤《うるお》す。そして観念で髪を剃髪《ていはつ》するイメージを心にもち、静かに偈《げ》を口にする。身内以外の死者の方の体に触れたのは、はじめての経験だった。

亡骸を中心に縁のある人が集まった「死の場面」で、僕は不思議な感覚を持った。その場所に、言葉にするのが難しいような、やわらかく、温かい雰囲気があるのだ。深いかなしみが充満しながらも、祝祭的ともいえるような独特で肯定的なヴァイブレーションが部屋に満ちている。亡くなった人が生きているかのように話しかける、遠くから駆けつけた息子さん。思い出話を、小さな声で始める若い女性。ただ座って、無言でその様子を見守る老人たち。そこには、痛みだけではない、なにか大切なものが遍満《へんまん》していて、僕たちを勇気づけている。

僕が読経を始めると、すぐにまた、すすり泣きの声が聞こえ始めるけれど、最後まで、その場所から温かい雰囲気が離れることはなかった。

僕がその死の場面で、温かななにかを感じることができたのは、その死を取り囲む、家族や縁のある人たちが、やわらかい雰囲気や感謝を込めた祈りをもっていたからだけでなく(それもあると思うけれど)、人間や生あるものが、心身の奥まった場所では、自分たちが死を抱えていることを、本質的、本能的には「嫌がっていない」部分があるからかもしれない、と今でも時々、考えることがある。人間が生を抱えている神秘や当たり前さとまったく同じほど、死は僕たちにとって、気が遠くなるぐらい不思議かつ、極めつけに「自然《じねん》」な存在だと思う。だから、たまらなく怖くはあっても、時にしっかりとそれを正面から、受け入れることができるのだろうか。それは、今の僕にはわからない。ただ想像するだけだ。

「生れ生れ生れ生れて生《しょう》の始めに暗く

死に死に死に死んで死の終りに冥《くら》し」(弘法大師　空海『秘蔵宝鑰《ひぞうほうやく》』)

おそらく弘法大師の言葉の中で、もっともよく知られた言葉のひとつだ。あらゆる人々がこの言葉に魂を揺さぶられてきた。ただ僕が感じるには、この言葉はただ単に、生まれ死ぬことはわからないというだけでなく、その向こう側も視野に入れた言葉だと思う。つまり生死を繰り返す輪廻《りんね》を「こえて」その先に向かう呼びかけのように受けとっている。

「生まれることは尽きた。清らかな行いはすでに完成した。なすべきことをなしおえた。もはや再びこのような生存を受けることはない」(『スッタニパータ』第三章)

凡夫《ぼんぷ》の僕には、生死はどこまでも透明な不思議さをたたえた存在だ。でもブッダや弘法大師が、そんな風景を見据《みす》えていたであろうことは、心のどこかに置いておきたいと思う。

「戒名《かいみょう》」を考える

枕経から寺に戻ると、「戒名《かいみょう》」もはじめて考えることになる。戒名は正式な仏弟子となったことをあらわすものなので、本当は生前に発心《ほっしん》して仏教徒としてやっていこうと決意した時に授けることができれば一番、理想的なのだけれど、生前にその機会がなかった場合、死をひとつのきっかけにしてつけることが多い。ちなみに僕は正式には「法号《ほうごう》」と習った。戒名は、法号の一部分である。祖父に教わったり、専門の本を読んだことはあったけれど、実際の場面でははじめてだ。「名前には一種の呪術性が宿る」。そんな言葉が浮かんできて、「自分が、おつけしてもいいのか」とまた自問する。しかし、答えはやはりひとつしかないのだ。「お前なんだよ。お前しかいないんだよ」。

僕は枕経の時にご家族と話した故人の人生からさまざまなイメージや言葉、文字を頭の中で探した。まず浮かんできたのは「雲」という文字だ。

亡くなった方の職業は農家で、趣味は農業、朝から晩まで畑にいる人だった。

彼はその人生の中で、何度、雲を見上げただろう？ 時に晴天を願い、時に雨雲を待った彼は、何度、雲を見上げただろう。そんな彼の法号には、雲という文字が似合うような気がした。寺の総代を務めた、とても信仰深い方だったので「空 海」といつも一緒にいてください、そんな気持ちも込めた。

次に選んだ言葉は「覚純《かくじゅん》」という言葉だった。彼の性格は、誰に聞いても「おだやか」で「いつわりのない」人だった。「純」にも、そういった意味がある。自分に照らし合わせてみると、そういった感情を獲得するのは、楽な道ではないはずだ。そして、その心は「仏教が近づこうとする心」とも重なりあう部分がある。

「身の装いはどうあろうとも、行ない静かに、心おさまり、身をととのえて、慎みぶかく、行ない正しく、生きとし生けるものに対して暴力を用いない人こそ、〈バラモン〉とも、〈道の人〉とも、また〈托鉢遍歴僧《たくはつへんれきそう》〉ともいうべきである」（『ダンマパダ』―法句経―一四二）

仏教の細かい知識はもたなかったかもしれないけれど、まわりの人から「いつわりのない、おだやかな」と繰り返し評されるこの人は、ある意味で、そういった感情を生活の中で〝悟った〟部分もあるのかもしれない。そういった敬意をこめて「覚」の字を置いた。「ブッダ」という言葉を漢訳すると「覚者」であり「悟った人」という意味だ。「やさしさを悟った人」、覚純さん。僕はその言葉を何度か口に出してみた。

法号が決まったのは、深夜四時だった。それでも翌日、朝一番で、問題がないか近くのお寺のベテラン住職さんにチェックしていただいた。

「うん、まったく問題ないよ。いい戒名だね」

その日の夜は、葬儀の前日に行なわれるお通夜《つや》だ。お通夜では、翌日のお葬式が、どのような意味合いがある儀式なのか説明することにした。

「明日は、故人を僕と同じように正式な仏教のお弟子さんにする儀式をします。僕も心を込めます。みなさんも心を込めることで、力を貸してください」

いつもだったら青臭《あおくさ》く感じるような言葉でも、そこに集まった人たちは、何度も何度もうなずくことで、僕に同意を示してくれた。

お通夜から帰った後も、葬列で使う旗を何枚も墨で書いて、位牌《いはい》に法号を書き、塔婆《とうば》も用意する。また、葬儀で読む諷誦文《ふじゅもん》を書き、土葬の名残《なごり》の六角塔婆も書く。慣れない僕は、ひとつ、ひとつに手こずってしまい、また深夜を迎えることになった。後で知ったことだけれど、こういった風習のいくつかが今も残っている地方は多くはないらしい。あまり睡眠時間をとれないまま、祖父の祭壇にも合掌して、お葬式へ。心を込めて引導を渡す。

今日の葬列は僕の書いた四本旗が風になびく。

「寂滅為楽《じゃくめついらく》」。本当かな。そうかもしれない。

昨日の天気が嘘みたいに晴れ上がっている。空には〝雲〟ひとつない。

「是生滅法《ぜしょうめっぽう》」。僕は、人が生き死んでいく場面に、かかわった。

経験の少なさをカバーできたかどうかは、わからないけれど、死者への思いを込めて、耳を澄ませ、力一杯ぶつかってみた。

葬儀の後、火葬場で荼毘《だび》に付される遺体を待って、本来であれば七日後に行なう法事、初七《しょなの》日《か》法要を当日にすませることが今は多い。この場合もそうだった。読経の後、故人の新しい名前、法号を一字一字、どういう思いを込めたか、その文字は、仏教でどんな意味があるのか、力を尽くして、集まってくれた人たちに説明した。

そして、そこでもまた僕は、その場所が経験したことのない雰囲気に包まれていくのを感じた。その場所のことについて、僕は説明する言葉をもつことができない。ただそこは本当に、僕たちが「生きる」そして「死ぬ」ことに根ざした、シンプルだけど特別な空間と時間だった。残された人たちは真摯《しんし》な目と気持ちで、その場所をつくりあげていた。

法話の後、出されたお茶を飲んでいると、家族の人たちが緩やかな表情で声をかけてくれる。

「おっさん、いい戒名をありがとう」

「あんないい字ばっかり使ってもらって。オレらの時には、もうロクな字が残ってないよ」

いたずらっぽい表情で、そう笑う人もいた。


亡くなった方が長寿であったこともあるとは思うけれど、儀式がすべて終わった後には、集まった人たちは、どことなく和《なご》やかな表情になっていて、僕は今までよりも、この村の「おっさん」として、どこかすこしだけ認めてもらった気分になった。

そして「死」が哀しみの中でも、僕たちにとって大切ななにかであることを漠然と感じ、そのことを誰かに話したいと思った。

「遮那《しやな》は阿誰《たれ》の号《な》ぞ」ノ巻

「疑いをもち、それを表明する」

〝秘仏〟を撮影したい、と言われても

お寺には多くの場合、仏像がある。

初期の仏教では、偶像崇拝《ぐうぞうすうはい》をしなかったと考えられているので、もともとはなかった存在なのだろうけれど、今では世界中のお寺で仏像がある。僕にもいくつかお気に入りの仏像があって、その中でも特に高野山西塔《こうやさんさいとう》の大日如来座像《だいにちにょらいざぞう》は見るたびに、その場所から離れがたい思いが込みあげてくる。高野山の霊宝館で買った、この大日如来座像のポストカードを自分の部屋の壁に貼って、しばらく眺めることもしばしばだ。日本でも有数の仏師に、これを再現するためにはどのような技法と費用が必要なのか、問い合わせてみたことさえある。

「謂《い》ふ所の正路《しょうろ》に、二種有《あ》り。一には定慧門《ぢやうゑもん》、二には福徳の門。定慧は正法《しょうぼふ》を開き、禅定《ぜんぢやう》を修《しゅ》するを以て旨《むね》と為《な》し、福徳は仏塔を建て、仏像を造するを以て要《えう》と為す」（弘法大師　空海『続遍照発揮性霊集補闕鈔《しょくへんじょうほっきしょうりょうしゅうほけつしょう》』巻第八）

【現代語訳　いわゆる正しい道には、二種の行き方がある。一つは瞑想《めいそう》（定《じょう》）と智慧《ちえ》（慧《え》）をもっぱらにするもので、第二は善行により人々に福を与えることをもっぱらにする行き方である。定と慧は、正しい仏の教えを開いて、深い瞑想を修行することを主とし、福徳を与

えるのには、仏塔を建て、仏像を造ることを、要点とする】

このように仏像の造立は、今に続く仏教の歴史の中で、とても大切に考えられてきた。そのことを前提にして、続きの話を進めることにしたい（瞑想と智慧の両方が必要だ、というのも大切なトピックだけど、それはひとまずおいておこう）。

その仏像の中に「秘仏」という存在がある。仏像を厨子《ずし》に入れて、扉を閉めて外部からは見えないように、あえてしている仏像のことだ。栄福寺《えいふくじ》の本尊、阿弥陀如来《あみだにょらい》の座像は秘仏である。秘仏をずっと秘しているのであれば、あまり考えることもないのだけれど、定期的に、また不定期に開帳して公開する場合もあるので、お寺の管理を担っている坊さんの立場からすれば、なかなか難しい問題に直面することもある。

「そもそも、どうして隠すの？」。そう考える人もいるだろう。僕だってそう思った。「特別な信仰対象であることを共通認識として確認するため」。そんなふうに考える人もいるし、外気《がいき》に触れないようにするための環境的な側面、また稀《まれ》にあるセクシュアルな表現形態の仏像を見て、早とちりの誤った解釈をしないようにするため、といった場合もある。

今、四国遍路には年間何万人もの巡拝《じゅんぱい》の人たちがお参りに来られるので、たくさんの雑誌やテレビ、出版社の方からのさまざまな取材の依頼がある。その中には、「秘仏を撮影する」ことをコンセプトにした写真集を企画している人もいて、当然、その取材では「秘仏を開帳してくださいませんか？」という依頼を受けることになる。なかなか見られない存在があると、人はそれに思いを馳《は》せ、見たくなってしまうようだ。もしかしたら、それも「秘仏」の存在理由のひとつかもしれない。

「今回は、多くのお寺さんで撮影することができました。撮れてないのはここと、あと、わずかだけですよ……」

若い坊さんの僕に、暗にプレッシャーをかけるように、丁寧だけど断りにくい言葉を選んで相手も話す。しかもこれは後で、正確な情報でないことがわかった。

「多くの方に仏さんの縁をいただければ、と思いまして」

そう言われるとなんだか本当に断りづらい。お坊さんとの仕事に慣れているのだろう。しかし、今回はちょっとしたスタンドプレーになったとしても、よく考えた結論として「今回は撮影を見送ります」ということをお伝えすることにした。なんだか腑に落ちなかったのだ。そして腑に落ちないのであれば、するべきではないと思った。

「これは特別なものだから」といって仏像をベールに包んでしまうことを、批判することはある意味、たやすいことだろう。「なに、もったいつけてんの？」。そんな言葉も聞こえてきそうだ。同じように撮影を断ったお寺さんは、態度を豹変させた取材者から、「本当はなんにも、入ってないんじゃないですか？」と笑いながら、吐き捨てるように言われたということだった（なんてこった）。しかし、今回の態度は、僕なりのささやかだけど大切な〝宗教観〟の提示でもある。

「空《くう》」には「疑いの視線」が宿っている

僕の感じている秘仏という存在には、「仏像が仏ではない」という、すこし考えてみると、あまりにも当たり前ながら、「仏なるもの」の叫びのようなメッセージを含んでいるようにも感じるのだ。僕はそのことを考える時、弘法大師のこんな言葉を思い浮かべる。

「遮那《しゃな》は中央に坐す　遮那は阿誰《たれ》の号《な》ぞ　本《もと》　是《こ》れ　我が心王《しんわう》なり」（弘法大師　空海『遍照発揮性霊集』巻第一）

【現代語訳　遮那（大日如来）が中央にまします　遮那とは誰のよび名か　本来われわれの

【心のこと】

僕はこの言葉を何度も、お寺に集まる人に話すことにしている。仏は自分の心にいる。心の中にある、いつもよりすこしだけ優しかったり、強度があったり、鋭敏な場所を、わずかずつでも丹念に積みあげること。それが仏の教えだと思う。そのことを忘れそうな時、それを言うのが、坊さんの仕事。そうありたい。

そして秘仏には、もっと重層的な意味合いがあるのかもしれない。こちらも個人的な感覚だけれど、そこに、すこぶる重要な仏教の思想「空《くう》」の香りを感じることがある。「空」のことは、『大般若経《だいはんにゃきょう》』のところでもすこし紹介したけれど、現代の日本で唱えられることの多い『般若心経』もやはり空について説かれた経典である。栄福寺を訪れるお遍路さんの多くも本堂、大師堂の前で『般若心経』を唱える。

「和尚《おしょう》さん、空というのは、なんにもないってことでしょう?」

そんな意味のことを聞かれることがとても多いけれど、僕は師から、そうではない、と伝えられた。「空」とは、先にも触れたように「関係性」のことだと理解している。あらゆるものが、他の存在の影響の中で生じているので、ひとつ、ひとつの個体には固定的、実体的な性質はない。

「ややこしいなぁ。結局、あるの、ないの？」という性急な質問に対しては、「空は有でなければ無でもない、そして有であり、無である」というなんだか不思議な言葉で説明したりする。「空」を説いたインド仏教の〝智の巨人〟龍樹《りゅうじゅ》（ナーガールジュナ、一五〇年～二五〇年頃の人物と推測される）はこのように説く。

【「一切はそのように〈真実で〉ある」、また「一切はそのように〈真実〉ではない」。「一切はそのように〈真実で〉あり、またそのように〈真実〉ではない」。「一切はそのように〈真実で〉あるのではないし、またそのように〈真実〉ではないのではない」――これがもろもろのブッダの教えである】（『中論《ちゅうろん》』第一八章八）

うーん。やはり部分を抜粋すると難しいけれど（全文でも難解なので、さらに）、仏教の論理学にはこのように精緻《せいち》かつ、一見、アンビバレントな側面もあることを知ってほしい。正直にいうと、僕にもきちんと理解できているかは、かなり怪しいものだと思っている（！）。しかし「空」的な世界の認識の仕方は、体感的にしっくりとくることが多いのも、また事実だ。機会があればぜひ『中論』の全文にもチャレンジしてほしい（『龍樹』中村元著、講談社学術文庫に『中論』の全文が掲載されている）。

「これ大空《だいくう》の義なり。大空はすなはち大自在なり、大自在はすなはち大我なり」（弘法大師

空海『秘密曼荼羅十住心論《ひみつまんだらじゅうじゅうしんろん》』巻第七）

【現代語訳　これは大いなる実体性の否定である。大いなる実体性の否定は、大いなる自由自在である。大いなる自由自在は、すなわち大いなる自我である】

弘法大師にとって「空」はむしろ瑞々《みずみず》しい〝自在〟を手に入れるための智慧であり、方法論だったようだ。そして、それが「小さな個」から自由になり「大きな我」につながるという言葉には、現代の僕たちの生活にもヒントがあるように思う。

そして「空」には、僕たちが普通に認識している視覚化され、意識の中で固定化された存在に対して、根本的な疑いの目があるように思う。仏教の中でもラジカルなその思想性の息吹《いぶき》と、この「秘仏」という装置が、時々、僕の心の中で「バチッ」と重なりあうことがあるのだ。「目に見えるものは本当に、そのままで、ここにあるのか。目に見えないものはここにはないのか」

そんなことを時に自問する。仏教が格好いいなと思う。

僕は視覚化された芸術や表現も大好きだけれど、仏教の中でそこに対する「疑いの視線」が用意されている可能性があるとしたら、まずはその直感を大事にしてみようと思った。僕のスタンスはこれから、どんどん変化していくと思うし、とんでもない勘違いをしているのかもしれない（秘仏と空の関係なんて、聞いたことがない）。でも、まずは他の人に調子を合わせる前に、自分のまっさらな心に従ってみよう。それが楽な道でないとしても。

僕が、まったく秘仏の開帳を考えていないわけではない。もうすこしすると、栄福寺の住職になったことを正式に本尊に報告する「晋山式《しんざんしき》」という儀式が行なわれることになっている。僕はその日、お参りくださった誰もが目にすることができるような形での「開帳」を考えている。

じつをいうと、僕自身もまだ本尊様の姿を拝見したことがないのだ。あらゆるものを目にすることができる今の時代に、「自ら見ない」。そんなものがあってもいいんじゃないか、と思った。そして、自分の心の中に「まだ見えない」部分を想像し、そこへ向かって旅を続けることが、仏教や密教の教えなのではないかと、ふと考えた。

今回のようにお寺での仕事で選択に迷った時、高野山に住んでいた頃あるチベット僧が話してくれたことをよく思い出す。それは、長く難解な仏教哲学の話の後に語られたシンプルな話だった。

「今日の話は、少し難しい部分があったかもしれません。でも仏教徒として、このふたつのことは、いつも思っていてください。それは慈悲と智慧です。このふたつは、すこぶる大切です。慈悲とはあらゆる人、命を抱えたすべての存在に愛《いと》しく親しい感情をもち、行動すること。智慧とは、この世界の本当の姿を知るための認識の力です。そこから〝もっといい方法があるんじゃないだろうか〟と、いつも考えるんです、あなたの生き方を含めて。慈悲と智慧をいつも思うのであれば、あなたは仏教徒としてスタートすることができるでしょう」

そう言うと彼は、にっこり笑った。僕はその時、まだ十代で生意気な盛《さか》りでもあったけれど、なにか大事な話をしているのかもしれない、と感じた。

僕は、なぜだか今でも本当にその短い話をよく思い出す。

そして、もしかしたらその言葉と彼のもっていた雰囲気は、何度か僕のことを助けてくれたかもしれない、とふと考えることがあるのだ。

「乾坤《けんこん》は経籍《けいせき》の箱《さう》なり」ノ巻

「ここにはすべてがあるのだから」

府《ふ》頭《とう》山《さん》、栄福寺に晋《しん》山《ざん》する

多くのお寺には、山の名前、山号《さんごう》がついている。栄福寺《えいふくじ》の山号は「府頭山《ふとうさん》」という名前だ。この「山」は時に〝お寺そのもの〟にたとえられることも多く、そのお寺の住職を「山主《さんしゅ》」と呼んだり、歴代住職たちに敬意をあらわす時には、「南無当山先師尊霊《なむとうざんせんじそんりよう》」と唱えたりもする。この山号をつける習慣は中国から入ってきたということだが、山に霊的な意味を見出す日本人の直感的な心象と相性がよかったようで、現在も多くのお寺で定着している。

僕が「山主」になる日がやってきた。栄福寺の住職に正式に就任するのだ。そのことを寺の本尊や土地の神様、弘法大師、近所のお坊さん、同じ地域に住む人たち、檀家《だんか》さんなど、あらゆる人や存在に報告する「晋山式《しんざんしき》」の行事を執り行なうことになった。釈尊《しやくそん》の遺徳《いとく》をしのぶ行事である「常楽会《じようらくえ》」の儀式を栄福寺が今年の当番寺として執行することになっているので、その儀式とあわせて同じ日に晋山式をすることにした。

二十四歳というあまりにも若い年齢での住職就任なので、今ひとつ実感がなかったのだけれど、ひとりのお坊さんという個人にとっても、お寺の歴史の中でも大きな出来事なので、近所のお寺から、僕が今まで見たこともないような大きなお祝いの樽酒《たるざけ》が到着したりし始めると、「なんだか、すごいことになってきたな」とどこか他人事《ひとごと》のような気分から、だんだんとずっしりとした実感が湧いてきた。

儀式の準備の中で本尊、阿弥陀如来《あみだにょらい》の厨子《ずし》をはじめて開ける。臍《ほぞ》の前で印《いん》を組んで、鋭い目をしたまま、微笑とも怒りともとれるような表情ですっと前方を見据えている。

僕が、その印の伝授を高野山《こうやさん》の僧侶から受けた時に、

「私はこの印を二種類、授かっています。なので今回は、印の指先が離れたほうを授けます」と伝えられた。伝授では口伝《くでん》といって、そういった言葉でのみ伝えられることがわりにある。今回、はじめて拝見する本尊の印が口伝で自分が授かった印と同じ形であった偶然を、心の中で喜んだ。

本尊を前に、しばらく沈黙する。仏はなにも口にされず、僕もそれに倣《なら》って、なにも話さない。沈黙の時間が続く。思考もどこかに飛んでいくようだった。でも、それと同時に、なにかを話しあっているような静寂で濃密な時でもあった。そしてまた厨子を閉じた。

この日のために用意しておいた四メートルもある木の塔婆《とうば》を、檀家のリーダーである総代さんや、大工さんたちに境内の真ん中に建ててもらう。その四面には、すべて筆と墨で文字を書

き込み、たとえば一面には、

「奉為《おんため》　大恩教主《だいおんきょうしゅ》　釈迦牟尼如来《しゃかむににょらい》　報恩謝徳《ほうおんしゃとく》　倍増法楽《ばいぞうほうらく》」

と書く。とても達筆だった祖父の字を手本にして、あまり字が得意ではない僕は途方に暮れてしまったけれど、何日も練習し、その字を見たお坊さんから、

「あれ、本当にミッセイさんの字なの？　うまく書けたじゃない」

と背中を叩かれるぐらいの字に、なんとかまとめることができた。

その塔婆を本尊の手に結んだ五色のひもに結びつける。この青・黄・赤・白・黒の色は密教の中で頻繁に用いられる色で、やはりそこにも象徴的な意味がある。青色は多くの色の要素をもっているとされるので他の色よりすぐれていると考えられ、黄色は他の色を混ぜると光が強くなりながら、自分の色を失わないとされる。そして赤色には燃え上がる強い力を込め、白色には、その潔白で清浄な性質から一切の根源を見出し、黒色には、他を消し隠すことから調伏《ちょうぶく》する力のシンボルが表現されている。

そして晋山式の行事は始まり、その冒頭で『般若心経』を唱える僧侶たちの中、僕は本尊の厨子を再び開帳し、普段は見ることのできない阿弥陀如来の姿を、集まった人たちにも拝んでもらう。必死に歯を食いしばり合掌する人や、涙ぐんで真言を唱える人もいる。さっきまで不

思議な表情をしていた仏は、ただほがらかに笑っているように見えた。

住職としての「はじまりの宣言」

儀式は進み、村一番の老僧から高野山より送られてきた住職任命の辞令を受けとり、柄香炉《えごうろ》などの大切な密教法具を授かる。すべてがまた「誰でもない、おまえがやるのだよ」と語りかけてくるようだ。続いて奉告文《ぶこくもん》と呼ばれる住職としての「はじまりの宣言」を読み上げるために、本尊の正面にすくっと向かい、立ち上がった。この文章は儀式の中では、古い形式の言葉で読まれるのだけれど、現代の言葉にすると、こんな意味の文章を声に出し発した。

晋山奉告文

密教の経主である大日如来、曼荼羅に集まっているあらゆる聖なる諸仏、また本尊阿弥陀如来、この栄福寺を開いた弘法大師、そして今まで寺を守り続けた歴代の住職、その中でも中興の祖である密幢《みつどう》和尚、そして密勝上人《みつしょうしょうにん》に申し上げます。

府頭山、栄福寺は瀬戸内海の安穏を願った弘法大師が自ら護摩法《ごまほう》を修法され、寺の礎《いしずえ》をこの場所に定めてから、師から弟子へ、代々その法を護《まも》り続けて、千有余年。その仏法の光は、ますます輝きを増し、日々に新しい光が生まれています。

その末弟の私は、年若く、先代、密幢師突然の死を受けて、この修行に適した閑静な場所と法灯《ほうとう》を受け継ぎましたが、その責任は重く、自分の力が乏しいことを自覚し、恐れおののいています。また自分を顧みると、徳も信心の行ないも未《いま》だ未熟なものです。それは、まるで雄の羊が荒野をさまよっているようであり、尊敬する師の教えを切望しています。

しかし、それでも、私はここに誓うのです。

長い時をこえ、仏に供養の花を捧げ、その仏法に学んだ智慧を積み重ねようとします。

そして弘法大師の残した法の宝に教えを請い、今までの僧侶の先輩方の恩に報いようとします。

また、ここに言うのです。

私は、わからないことを、「わかった」としません。

ただ宇宙の不思議とその心に、細心の注意をもって耳を澄ませようとします。

そのような中でできるかぎり、深刻な顔であるよりも笑顔でありたいと思います。

伏してお願い申し上げます。この世界すべての仏、聖なる存在、尊敬しお慕いする僧侶のみな様、できの悪い弟子である私のこの思いを、慈悲の心でお受けいただき、その願いをどうか成就させてください。

こんな文章だった。伝統ある行事の中で「笑顔」という自分なりの言葉を口にするのは、なんだか尻込《しりご》みする思いだったけれど、それよりも自分の素直な思いを口にすることが、すこぶる大切な気がしたのだ。仏教は「うれしい」ためにあるものだと僕は思うから、しかめっ面でいることよりも、できることならば笑顔であることを目的としたい。そしてなにかを、「知っている」と勘違いしてしまいそうな中でも、「わからない」と表明すること。耳を澄ませること。これらの忘れたくはないことを、一番大事な場所できちんと伝える必要があると思った。

「もしも愚者がみずから愚であると考えれば、すなわち賢者である。愚者でありながら、しかもみずから賢者だと思う者こそ、〔愚者〕だと言われる」(『ダンマパダ』―法句経―六三)

いつもは厳しく響くことも多い仏の言葉が、今日は僕を励ましてくれるようだ。

晋山式が終わり、続いて行なわれる「常楽会《じょうらくえ》」の配役表には僕の場所に「山主《さんしゅ》」とシンプルに書かれている。今日から僕が、このお寺のリーダーなのだ。不意に震える手に授かった柄香《えごう》炉《ろ》を持ち、僕は、釈尊を称《たた》える言葉を鎌倉時代に創作されたと伝えられる調子に乗って夢中で唱え始めた。

すべての儀式が終わった後は、樽酒が開けられ、ささやかな祝宴が開かれた。はにかんだ笑顔をした祖父の遺影もテーブルの上に置かれる。集まった人たちは、お寺に若い坊さんがやって来て、住職を引き継いだことを心から喜んでくれているようだった。ほとんどの人が、僕を赤ん坊の頃から知っている人たちだけれど、なんのためらいもなく僕のことを「おっさん」や新しい名前「密成さん」と呼んでくれた。老僧もお酒が入って口も滑《なめ》らかだ。

「密成さん！　今日から私はあなたを〝栄福寺さん〟と呼びます。わたしゃ、うれしいんです。でも、なんか一個、忘れてないかね？」

「えっ、なんですか？」

「じいちゃんの写真の前に、樽酒がないじゃないかー」

笑い声がこだまする中で、急いで僕はお酒をお供えした。

「やっと来たか、って言うてるで。グワハハハハッ」

何時間も続いた祝宴が終わり、僕はふとひとりになりたくて、家の近所の「犬塚池《いぬづかいけ》」までしばらく歩いた。栄福寺で飼われていた犬の伝説が残る池だ。すこし高台になったその場所から望む、僕の住んでいる場所は、とても美しい自然に囲まれてはいるけれど、笑ってしまうぐらいなにもないようで、すべてがあるようで。

そして、弘法大師の詩のイメージが、頭の中を駆けめぐる。

「三密《さんみつ》　刹土《せつど》に遍《あまね》く（仏の御業《みわざ》は国土にあまねく）
虚空に道場を厳《かざ》る（虚空に荘厳な浄土の世界を作っている）
山毫《さんがう》　溟墨《めいぼく》を点じ（山は筆となって大海原の墨池に墨をつける）
乾坤《けんこん》は経籍《けいせき》の箱《さう》なり」（天地は経典の入れ物）

（弘法大師　空海『遍照発揮性霊集』巻第一）

やはりこの場所には、あらゆるものがあるのかな。ははと笑って、僕はまた耳を澄ませる。

そして、もうこの場所にはいない人や、この風景にそっと、胸の中で声をかける。

「今までどうも、ありがとう。これからも、どうぞよろしく」

僕に、なにができるだろう？

それは、まだなにもわからないけれど、僕は今日、栄福寺の住職になった。

Ⅳ

ハッピー？

「愚者はこれを視《み》て日月《にちげつ》なしと謂《おも》へり」ノ巻

「自分の中にある物語を呼ぶ」

野球チーム「ナム・スターズ」

お坊さんの野球チームがあるという噂は聞いていた。

しかも近所に複数の「坊さんチーム」が存在して、年に一度、坊さんの坊さんによる「野球大会」が開催されるらしい。

「白川君、野球大会出ない？」

ついに僕のもとにも、招集命令がくだる日がやってきた。

「はぁ。チーム名とかあるんですか？」

「ナム（南無）・スターズ」

「出ます、出ます。出させてください」

このチーム名には、それを即答させるインパクトがあった。南無には、元来、仏への帰依《きえ》をあらわすために〝体を折り曲げる〟という意味があるけれど、理屈じゃない。坊さんだけのベースボール・チームがあって、そのチーム名が「ナム・スターズ」という。もう、そのネーミングだけで十分だ。ナム・スターズ。南無の星たち。素敵じゃないか。

すぐに届けてくださったユニフォームは、昔の西武ライオンズのビジター用ユニフォームをベースにしたものだが、胸の前にはSEIBUではなく、「Namu Stars」と筆記体でプリントされている。おお。僕が引き継いだ背番号25番は祖父のお葬式で導師を務めてくださった、地元の由緒あるお寺の住職さんから引き継いだものだ。なんだかよくわからないけれど、伝統と責任を感じるような気がしてきた。しかし、同時に引き継いだグローブには油性マジックのたどたどしい字で、「パンダース」と大きく書かれている。

「なんですか？　パンダースって」

「ナム・スターズって、坊さんのチームだけに結構な歴史があってね」「はい、そうでしょうね」「だからさ……、チーム名も何度か変わったみたいなんだ、お寺の名前も、歴史の中で何度も変わることがあるみたいにね」「……ということは」「まあね。前のチーム名は〝パンダース〟って名前なんだ。深い由来は知らないよ」

深い由来なんてあるわけないでしょう、と僕は心の中でそっと突っ込みながらも、映画『がんばれ！　ベアーズ』みたいで、キュートなネーミングセンスだと思った。どうやらこのチームとは相性がいいらしい。

生まれてはじめて、きちんとした野球のユニフォームに袖《そで》を通し、僕は、ナム・スターズの一員として開会式に参加した。集まった他のチームの人たちも、もちろん全員お坊さんである。真言宗《しんごんしゅう》豊山《ぶざん》派のチーム「豊山」、インドの武器をモチーフにした密教法具である五鈷杵《ごこしょ》から採用したであろう「五鈷」チーム。五鈷チームの背番号は、数字ではなく全員が梵字《ぼんじ》の「オーン」をプリントしている。オーンは、真言の最初によく用いられる言葉であり、呼びかけ、承知の意味などがある（普賢菩薩《ふげんぼさつ》の真言「オン　サンマヤサトバン」など）。

「ど、どうして背番号が全員、〝オーン〟なんだろう……」

呆然《ぼうぜん》としている僕に、四国霊場五十五番札所の先輩僧侶が声をかけてくださった。

「どうしたの？　ミッセイ君。まぁ、初参加だけど気楽にいこうよ」

くるっと振り返った彼の背番号は、霊場番号と同じ「55」である。僕もいつか栄福寺の57番のユニフォームも注文しようと強く誓った（後日、入手した）。

開会式は大会代表挨拶で始まるはずだった。

「みなさん、こんにちは。今日、代表は欠席でございます。お葬式です」

非難の声を口にする人は、ひとりもいない。そのひとことで、同じ坊さんだとすべてを理解できるからだ。試合が始まり、僕は第一試合の先頭バッター。ナム・スターズの打順は、年齢の若い順である。

「つねに敬礼を守り、年長者を敬う人には、四種のことがらが増大する。——すなわち、寿

命と美しさと楽しみと力とである」（『ダンマパダ』―法句経―一〇九）
すこし意外なことに、古いインドの仏典にはこんな言葉もある。大きな声では言えないけれど……。「頭髪が白くなったからとて〈長老〉なのではない。ただ年をとっただけならば〈空《むな》しく老いぼれた人〉と言われる」（『ダンマパダ』―法句経―二六〇）という強烈な言葉も同じ仏典の中にあるのだ（言ってしまった）。

バッターボックスに立ち「レフトとセンターの間が広くあいているなぁ」と思ったので、ショートの頭を狙ってフルスイングすると、ボールはその通りの軌道を描いて、ビギナーズラックのランニングホームラン。結局、全勝優勝したナム・スターズの中で僕は「敢闘賞」をいただき、賞品の「ドリップコーヒーセット」を〝お供《そな》え〟としてありがたく頂戴した。

お坊さんには、変わったプレイスタイルの方が時々おられるようで、「どりゃぁぁぁぁぁぁ！」と大声を発しながら超スローボールを投じ続けるピッチャーは特にすごかった。サラリーマンには、こういう人はあまりいないと思う。

集まった人数が多すぎるチームと人手が足りないチームが対戦する時には、急遽《きゅうきょ》、人数調整のため独自のチームメイト選抜方法が採用された。自分が所属するお寺の本尊様が「菩薩《ぼさつ》」（たとえば観音菩薩、地蔵菩薩など）のチームと、「如来」（大日如来、薬師如来など）のチームに分けて試合が行なわれたのだ。如来VS菩薩。僕は、栄福寺本尊、阿弥陀如来の名のもと「如来チーム」の一員となった。気軽な草野球が一転、なんだか、どうしても負けたくない一戦となった。

ベンチでは、島にあるお寺のお坊さんから、夏にある「水軍レース」に誘われた。

「無理ですよ。僕はボートも漕《こ》いだことがありませんから」

「大丈夫、大丈夫。去年はスナックのおねえさんチームに負けたから」

このチームは、御大師《おだいし》サマーズというチーム名とのことだ。

「僕は坊さんのことをまだ、なにも知らないのだなぁ」

坊さんワールド。なんだかとても不思議な気分を感じていた。

宗教の中にある〝物語〟

もちろんそんな、コメディー映画のような日々ばかりが続くはずはなく、お寺の住職として働くうちに、心に引っかかることがあった。「坊さん」はもちろん「仏教の信仰」を大切なテーマのひとつとして、その役割にかかわっているのだけれど、その「宗教を信仰する」ということに対して、強い拒否反応や憎しみにも似たような感情を、もっている人が少なからずいるということだった。また「宗教」や「仏教」に、なにかしらの可能性を感じているのだけれど、そもそも、その信仰というものが、今ひとつ想像できないと感じている人は、もっと多いようだ。

僕は「信仰」というものを「物語」という言葉をとっかかりにして、考えることがある。

宗教に、直感的な「うさんくささ」を感じる人の中には、それを信仰する人たちの姿や言動を見て、「とても、ついていけないな」と感じたり、「自分には関係ないな」と思う人も多いらしい。「それだと、まるで宗教になってしまう」。何気なく、そんな言葉も頻繁に使われる。当然ながら、信仰に関することは個人の自由な領域に属する話でもあるので、それに対して異議を唱えるつもりはまったくない。僕自身、宗教の世界に身をおいていると、知らない人から急に「私は、天狗《てんぐ》の生まれ変わりなのですが、どうしましょう?」と聞かれ、閉口したような経験がいくつかあり(僕にはどうしようもない)、宗教とはあやしげであると考え、そんな宗教にいいイメージをもっていない人の気持ちを、かなりリアルに理解しているつもりだ。

しかし仏教は、極端なイメージで考えられているよりも、ずっと論理的な側面ももちあわせている。自分や他の〝存在〟への関係性の論証、空という世界の認識、苦しみの発生とそこへの向きあい方。まるで「証明問題」を解いていくように、何度も議論や問答で検証し、事実と思われることを積み重ねてきた。その「思考の歴史」への信頼が、仏教への信仰ともいえるかもしれない。

ただ、やはりそれだけではないと思う。

さまざまな神話や伝説、瞑想《めいそう》体験など、僕たちが普段の生活の中で感じる常識的な価値観とは、距離のある世界が広がっていることも時に事実であると思うし、それは多くの宗教がそうであるように感じる。

現代の科学技術や学問の発展の中で、宇宙や世界の中で「わかる」ことが増えてきた。しかし、そんな中でも、僕たちがはっきりとは「わからない」ことのほうが、ずっと多いことを時々、忘れそうになってしまう。そして、そんな「わからない」ことを、曖昧《あいまい》な中で語ろうと感じようとする時、そうせざるをえない時、人は神話や伝説、物語とともに、時に宗教を用いてきたように思う。たとえば誰もが「死ぬ」ということについて。

僕は、宗教を「自分の中の物語を呼びさますもの」というように感じている。

「宗教の中の信仰」という、とてつもなく大きな命題を前にして、初心の坊さんである僕が、はっきりと言えることはとても少ないけれど、少なくとも僕自身は、「信仰」というものを、

「自身の中にしっかりと流れる旋律《せんりつ》のような物語に触れようとする。そして、その続きを綴《つづ》ろうとすること」でもあると思っているのだ。

身近な場所にも、人にはそれぞれ大切な物語があるはずだ。それは時に、何度も繰り返し読む小説であったり、忘れられない映画、アニメーションであることも多いだろう。また、僕たちが「生きている」そのことだって、れっきとした事実であり、ノンフィクションのはずであるのに、「物語」と呼びたくなることがある。そういった感覚を僕は強くもっている。

そして、宗教には宗教だから触れることのできる「物語の場所」があると思うのだ。僕たちがそれに出会う可能性が宗教にあるとしたら、それを無視してしまうことは、とてももったいないと思うし、その自身の中にある旋律との対話なしには、どうやら人間は「生きにくいし、死ににくいのかな」と想像することがあるのだ。そして、その「宗教の物語」は、読まれるだけでなく、続きを奏《かな》でられることを常に、待ちこがれているように感じる。それが、つまり「宗教を生の心で感じ、生きる」ということでもあると思う。

たとえば、仏教の宇宙観の中で「須弥山《しゅみせん》」という山がある。それは社会的な常識の価値観で語るとしたら、「空想上の山」のひと言で片付けられてしまうかもしれない。しかし、その「須弥山なるもの」が語りかけようとすることは、「ある」とか「ない」という話題から離れた、「物語の真実性」のようなものを、僕たちに問いかけることである。

近所のコンビニで、不動明王《ふどうみょうおう》が「飲むヨーグルト」を買っていたとか、お地蔵《じぞう》さんとカフェでお茶したとか、そういった話も、あまり聞くことがない。しかし、「不動明王なるもの」は、他の概念や言葉では表現できない、僕たちがここに「生きている」ことに根ざした大切な物語を伝え、運んでいることがあるように思うのだ。

「日月星辰《せいしん》は　本《もと》より虚空に住すれども　雲霧蔽虧《へいき》し　烟塵映覆《えんじんえいふく》す　愚者はこれを視《み》て日月なしと謂《おも》へり　本有の三身も　またかくの如し」(弘法大師　空海『吽字義《うんじぎ》』)

【現代語訳　太陽や月や星はもともと虚空にあるけれども、雲や霧によっておおいかくされ、煙やちりによって覆《おお》われることがある。愚かな者はこれをみて、太陽や月がなくなってしまったと思う。もともとそなわっている仏身もまたこれと同様なのである】

覆い隠されて気づかないだけで、僕たちの心の見えない場所には、「物語」や「仏という場所」が、もっと遍満《へんまん》しているのかと想像した。

「宗教は、自身の中にある旋律のような物語と出会う場所」

そんな直感を含んだ感触を、僕はまだうまく伝えることができない。しかし宗教のそんな素敵な側面を、すこしずつでも誰かに語りかけることができればいいな、と思うし、それを一番聞きたがっているのは、じつは自分自身なのかもしれない。

「一よく一切を含《ふく》し」ノ巻

「ひとつだけでも、一日だけでも」

坊さん専用のバリカン

「坊さん専用のバリカン」というものが、この広い世界には存在するらしい。

そんな〝業界の噂〟（ずいぶん噂の多い世界なのだ）を聞きつけた僕は、具体的な情報を切望していた。


「そもそも、どうしてお坊さんは、髪を剃《そ》って丸坊主にしているのですか？」

この質問を、坊さんになって何度されたかわからない。特にお寺での「子どもお泊まり合宿」のような行事の手伝いに行くと、素直な子どもたちは、ほぼ間違いなく毎年、同じ質問を投げかけてくる。考えてみると坊主頭にしている大人は多くはないので、当然の疑問だろう。

そして子どもたちは、僕のことを「クリリン」と名づけた。

また、たくさんの坊さんで食事に行った時、店員の女性から「どうしてみなさん、同じヘアースタイルなんですか？」という質問をいたずらっぽい表情でされたことがある。その時、初老の僧侶は、「僕たち、全員、野球部なんです」と表情を一変もさせず答えた。

剃髪《ていはつ》の発生は、装飾の対象になりやすい髪をばっさりと落とすことで、過剰な欲望から離れようとする、またそのことの象徴である、と考えるのが一般的だろう。出家者《しゆっけ》の生活規範が記載された「律」でも、その長さは二指（二寸、約六センチ）以内と定められている。結婚をする人が多く、比較的自由な生活を営む現代の日本の僧侶が、剃髪しても無意味なんじゃない？という意見を時々、耳にするけれど、「元来そういう立場である」ということを、僧侶自身も、それを受けとる人たちも、感じることができるので、僕自身は剃髪の習慣が残っていることに違和感はなく、自分も髪を短くしている。

法衣《ほうえ》を身につけて、髪を剃っていると「あっ、あの人はお坊さんだ」ということがわかる。そういうことは、意外に大事なことかもしれない。

「頭を剃ったからとて、いましめをまもらず、偽りを語る人は、〈道の人〉ではない。欲望と貪《むさぼ》りにみちている人が、どうして〈道の人〉であろうか？」（『ダンマパダ』――法句経――二六四）

残された仏典の言葉に触れて、思わず「すいません……」と言いたくなることもあるけれど。

バリカンの話だ。

そのバリカンは「坊さん専用のカタログ」で販売されているという情報をキャッチした。何度もいってしまうけれど、本当に世界は広い。入手したカタログの内容は、パソコンに接続できる「位牌《いはい》用プリンター」、僧侶がよく使う梵字《ぼんじ》や旧字の漢字が収録された「坊さんCD－ROM」、〝正座が一気に楽になる〟という「新開発の足袋《たび》」、お供《そな》えの鏡餅《かがみもち》を瞬時にスパッと切る専用機器など、盛りだくさん、かつ壮観だ。しかし肝心のバリカンが載っていない。カタログの会社に電話をすると、バリカンの商品情報をFAXしてくれることになった。こういう時、僕は結構しつこい。

送信されてきたFAXを確認すると、お坊さんの後頭部がガンガン剃られていく衝撃写真が大きく掲載されている。これだ！

宣伝コピーには、

「僧侶の皆様にとって電動バリカンは、ほとんど毎日お使いになる身近な存在です。だからこそ少しの妥協もしたくないとお思いの方々が、多いことを知っています」

とある。「知っています」と言われると、若干、「私のなにを知ってるのよ！」と言いたくもなるけれど、小気味《こきみ》がいいほどの断定、確定。そして間違いなく事実だ。注文を即決した僕が選んだ機種は、「不朽《ふきゅう》の名機交流式」（それにしても、すごいコピーだ）ではなく、「新発売の充電式」。そして、

「携帯電話の隣で、じっくりと充電するぜ」

と、ひとりほくそ笑んだ。

注文した数日後、待望の商品が届いた。今までは理髪店のバリカンで一番短い一ミリの長さに刈《か》ってもらっていたのだけれど、今回買ったバリカンでは〇・一ミリに刈ることができる。待ちきれなくなり、なにはともあれ封を開けて早速刈ることにした。しかし歯を動かすたびに悲鳴をあげるほど痛い。何度工夫して剃り方を変えてみてもそうなので、とうとう製造元のメーカーに電話してみることにした。

「あの、痛いんです。バリカン……」

「うーん。ところであなたは、プロですか？」

「えっ、バリカンのプロってなんですか？」

「えっとつまり、散髪屋さんですか？」

「いいえ、違います。坊さんです」

「あー、なるほど、そうですか」

どうやら相当のプロ仕様に手を出してしまったらしい。しかし、細かいワンポイント・レッスン（技術指導）をしてくださったので、再チャレンジしたが、やはり痛い、とても痛いのだ。このまま散髪を続けるのは極めて困難であるという、痛恨の決断をすることにした。

すでに頭の右半分は、見事に刈り上がっている。しかも、理髪店のバリカンよりも短くカットしているので、続きを理髪店でやってもらうと、右半分が〇・一ミリで、左半分が一ミリというパンキッシュなグラデーションヘアーとでもいうべき、壮絶な髪型が完成することは、容易に想像できる。「あ、あ、ありえない」。思わず、僕は虚空に言葉を発したまま立ちつくした。しばらく真剣な熟考を重ねた結果、失礼を承知で、理髪店に自分のバリカンを持っていってもいいか、聞いてみることにした。おそらくそんなことを聞かれるのは、はじめてであろう。

「いいよ。とりあえず持ってきてみて」

ご主人は、商売上のライバルであるはずの「マイ・バリカン」に、寛容な態度を示してくださった。

僕は、キャップを目深《まぶか》にかぶったまま店に到着し、ご主人と目が合うと無言のままうなずき、バリカンを手渡した。彼は静かに電源を入れると、ウィーンという豪快な音を立てるバリカンの歯を頭の左半分に当てた。僕は強く手を握りしめて、目を閉じた。「あれ、痛くない」。それどころか、じんわり温かみが伝わってくるようで、むしろ心地いい。「どうしてなんですか?」。ご主人は数々のポイントを、伝授してくださった。

ありがとう。バリカンを買ってからも、たまにはお邪魔させていただきます。という卒業式のような謎の感慨を胸に、僕は理髪店を後にした。

「はじめて来たけど、なつかしいよ」という宗教を

そんなわけで、いつでもどこでも頭を剃れるようになった僕は、近所のお寺で執り行なわれた水子《みずこ》供養の儀式に参加していた。すこし早めにお寺に到着したので、やさしいお顔の古いお地蔵さんに手を合わせたりしながら、ゆったりとした時間を感じ、あることを再び考え始めていた。

「僕たちにとっての信仰と宗教」のことだ。

そのことは、坊さんである僕にとって、一生の問いかけであり、これからも何度も何度も考えることになるだろう。

お寺での儀式を終えた後、車を運転しながら、特にこれからの若い世代にとっての信仰というものが、いったいどういったものになるかを考えていた。もちろん、今までの時代と同じようなスタイルの信仰もあり続けるだろう（僕にだってある）。すべてが世代や時代によって変わっていくわけではないし、変わるべきでもないと思うけれど、やはり、すべてが同じ形では進んではいけないだろう。宗教を僕たちが、よりよい形で受けとることができるとしたら、それには、どんな視点があるのだろうか。

それについては、僕は「自分が生きるルール作りのためのヒント、援軍」のような可能性があるように思う。

宗教が関係した大きな事件などが発生すると、

「彼らは、妄信《もうしん》的に〝教祖様〟や〝教え〟を崇拝するだけで、自らが考え、自分の意志で行動することができなくなってしまっていた」

というようなコメントがさまざまなメディアで繰り返し流れる。それは、宗教を仕事にする僕にとって、とても注意深く考えるべきテーマであるけれど、「自分」というものを過信しすぎて、いわば「自分教」の教祖兼信者のような状態になってしまうことも、宗教に対して妄信的なことと同じぐらい、危険なことだと思うのだ。そして、そういう状態にある人が、もしかしたら増えてきているのかもしれない、と感じることがある。それを周囲が煽《あお》っているような雰囲気さえある。「自分」は時に厄介《やっかい》で、恐ろしい。

「自分」を「自分だけで」決定しコントロールするべき部分が多いことは、ちょっと考える以上に、とても大きな難しさを含んでいるように思う。そして、今までの歴史から考えると、ここまで大きな自己決定の権利を一般の生活者が与えられていた時代は、なかったように想像する。それを僕は、もちろん「いいこと」だと思う。江戸時代よりも平安時代よりも「今」の時代に生まれてラッキーだと。

しかし、その「自己決定」や本当の意味での「自由」の難しさを、もっと真剣に考える時期がきているように感じるのだ。僕はそこに宗教の可能性を見出したい。

「宗教」や「信仰」は、多くの人が共通してもっている普遍性を、壁に頭を打ちつけたり、戻ったりしながら、繰り返し考えてきた。そこにあるものが、一〇〇パーセントピュアな間違いがないものだとは思わないけれど、「自分」だけで考えることとは、あきらかにタイプの違う、多層的な思考や存在がそこにはある。だからこそ、そこには自分が考えるためのヒントがあると感じる。

僕は「宗教」が「個人」に対してすぐれているということが言いたいわけではないし、実際そうではないだろう。

なんだか正論めいた言い方になるけれど、その両方をなんとか立ち上げようとしてこそ、大きな力が期待できるように思うのだ。

「法律」のような国家に提供されたものでもなく、完全に個人的な自己決定の世界でもない、いろいろな種類があって、選択や出入りが自由で、風通しのいい存在を、もっと「宗教」が提案することができれば、また自分自身が宗教から見出すことができれば、そこには僕たちにとって意味のある、大切な可能性があると思う。

それを、借り物ではない自分の感覚で、正直に発した感情や言葉と対話させ、ミックスさせる。それではじめて宗教は、今を生活する僕たちが生きるためのほがらかなルールや〝筋〟を模索しようとした時、きらきらと輝くヒントや援軍になりうると思うのだ。そこには「発見」という感覚よりも、むしろ「思い出す」「再会」のようなフィーリングを持った感触があるように想像する。「はじめて来たけど、なつかしいよ」とでも言いたくなるような。

宗教はもっとカジュアルになれる

「坊さんのように滅私《めっし》、道徳のようなことを言っても、それを実行するなんてことは、ほとんどの人ができないのだから、もっと実現可能なことを考えなければ」

そういう話をよく耳にするし、「うん、たしかに、そうかもなぁ」なんて、坊さんである僕も、思わず考えてしまうことが正直いうとある。でも「心」や「身体」に対して「こうすると、どうなるだろう」というような実験感覚をもって、「すこしだけでもやって、試してみようかな」とチャレンジしてみると、「あ、そういうことなのかな」というような感覚が広がってくることも、意外にあるように思う。もっと「方法論」を模索するべきなのは、事実だと思うけれど。

たとえば、「四無量心《しむりようしん》」という仏教者が理想とする四種類の心があって、それは慈《じ》・悲《ひ》・喜《き》・捨《しゃ》という心の持ち方である。「慈」は生けるものに楽を与えようとすることであり、「悲」は人々の苦しみを除こうとすること。そして「喜」は、他者のよろこびを自分も喜ぶこと（ねたまないようにする）、「捨」は、どのような対象に対しても区別せずうらみをもたないこと、である。

これをすべて完璧に成し遂げることは、誰にとっても至難の業にちがいない。

「塵《ちり》汚れのない（無垢《むく》の）境地を見ないで百年生きるよりも、塵《ちり》汚れのない（無垢の）境地を見て一日生きるほうがすぐれている」（『ウダーナヴァルガ』―感興のことば―第二四章一一）

しかし仏典のこんな言葉にアイデアや勇気をもらって、「一日だけになってもいいから、できるかぎり、ひとつだけ、やってみようかな」なんて試してみることも、大切なルール探しのスタートであると思う。

「そんなことだけで、仏の教えがわかるはずがない」

たしかにそうだ。でも、それは無意味なことだろうか。

「一よく一切を含し、一切また一を含して相互に渉入《しょうにゅう》する」（弘法大師　空海『大日経開題《だいにちきょうかいだい》』）

【現代語訳　一がよくすべてを含み、すべてがまた一を含んで互いに相渉《あいわた》り入りあう】

こんな深遠な宇宙をもった言葉も、すごくシンプルに受けとると、どんな小さな教えひとつにも、全体の香りを想起させるものが必ずあるのだから、まずは、ひとつからでもやってみよう、という呼びかけを実践的に聞くことができると感じた。

社会には、たくさんのタイプの人がいるので、宗教をまったく必要としない人だっているだろう。しかし「個人」であることの大切さや、その対極にある「共同体」や「チーム」の話が、二者択一的に語られることの多い時代の中で、多くの人が積み重ねてきた宗教の智慧《ちえ》は、「私」が生きることに、「私たち」が生活をともにすることに、耳を澄ませるに値する光が含まれているように、僕は思う。

そしてなにも大げさな話ではなく、宗教はもっとやわらかくて、カジュアルなものにだって、なれるような気がするのだ。

「オールディーズ・バッド・グッディーズ」（古くてもいい音楽）、そんなふうに気軽に呼んでもらえるような、宗教があったらいいな。

「朝朝一たび自心の宮を観ぜよ」ノ巻

「じっと心を見つめる時間をもつ」

死んだ人を思い出す（はじめてのお盆）

坊さんになってはじめて「お盆」の季節がやってきた。

今年からは僕が檀家《だんか》さんの家を一軒一軒、訪問してお経を唱えてまわる。この時期にバイクや車で街を走っていると、同じ盆参りをしているお坊さんとすれ違うことも多い。手を挙げたり、会釈《えしゃく》をして、お互いの健闘を称《たた》えあうこともしばしばだ（時々、無視される……）。子どもの頃から、漠然とした印象しかもっていなかったお盆の風習だけど、僧侶としてその中に身をおいて素直に心を込めてみると、想像以上に大事な意味合いをもったことなのだと、実感することになった。

僕の住んでいる地方では、八月にお盆の行事をする。しかし七月に行事をする地方も多いようで、「そろそろ、お盆の準備もしないとな」と七月の中旬に考えていると、高知のお坊さんから、

「やっと、お盆が終わりましたね。もうクタクタ！　そっちはどんな調子？」

というメールがやってきた。仏教の行事は、古くから行なわれているものが多いので、旧暦でする地方と、新暦でする地方が混在していたり、栄福寺《えいふくじ》周辺のような農村では、農繁期《のうはんき》を避

けて行なうこともある。亡くなった人の年齢も、以前は一般的だった、生まれた時が「一歳」でお正月に年齢を加える「数え年」で表記することが多い。

お盆（盂蘭盆《うらぼん》）の行事の発生については、いろいろな話が伝わってきている。その中でも一般的な伝説は、釈尊《しゃくそん》のお弟子さんである目蓮《もくれん》尊者という方が、亡くなった自分の母親が餓鬼《がき》世界で苦しんでいるのを神通力《じんつうりき》によって知り、釈尊に相談すると七月十五日、たくさんの僧侶に供養してもらい、食べ物を布施《ふせ》することを進言され、実行するとその功徳《くどく》によって母親は救われたという話がもとになっている。そこからお盆には先祖の霊が帰ってくると考えられるようになり、精霊棚《しょうりょうだな》をつくってごちそうでもてなし、お坊さんにもお経を唱えてもらうようだ。この行事は先祖供養を重んじる中国や日本で重視され、中国では五三八年（大同《だいどう》四年）に、日本では六〇六年（推古《すいこ》十四年）に行なわれた記録が残っている。

しかし僕が繰り返し教わったのは、ここでは、自分の家の先祖「だけ」を供養しているわけではなく、そこに集まった供養されることのなかった、お腹《なか》をすかせたあらゆる霊を一緒に供養している、ということだ。時々、古いお地蔵さんや石塔《せきとう》に「三界万霊《さんがいばんれい》」と書いてあって、この「すべての霊のために」というとらえ方は仏教の行事として、ベースになる本当に大事な部分であると思うし、僕はこの考え方がすごく好きだ（霊の存在を説かない宗派もある）。

お盆の細かい行事や日にちは、地方やお寺、家によってまったく異なるようだけれど、栄福寺では、お盆が近づくと白い提灯《ちょうちん》や灯籠《とうろう》を飾り、「ここですよ！」と存在をアピールする。そして、十三日には「オガラ」というアサの皮を剥《む》いた茎《くき》（この季節になると、いろいろな場所で売っている）を燃やして「迎え火」をして精霊を迎え入れ、十五日の夕方、同じようにオガラを燃やして「送り火」をし、十六日にはお墓参りをする（十五日と十六日は逆の地方やお寺も多いようだ）。

僕はお盆の行事や、死者の供養のことを考える時、いつもある小説家の言葉を思い出し、時にその場所に集まった人たちにも話すことがある。それは、

「死んだ人に対して、僕たちができることは、その人のことをすこしでも、〝おぼえている〟ことだ」

記憶なので正確な引用ではないけれど、そういう意味の言葉だ。その言葉が伝えようとする本当に繊細で大切な意味は、僕にはなかなか伝えきることはできないけれど、この言葉を、誰かの死に出会った人に繰り返し話すたびに、深い祈りをもった言葉だと実感するようになった。
「僕が読経《どきょう》している間、その人のことをすこしでも思い出してあげてください。それも故人の供養だと思います」

仏教では「死」は、制することができるものだともとらえられている。

「心は遠くに行き、独り動き、形体なく、胸の奥の洞窟にひそんでいる。この心を制する人々は、死の束縛からのがれるであろう」(『ダンマパダ』—法句経—三七)

その死の束縛《そくばく》から解き放たれた状態を想像し、尊敬の念を感じながらも、やはりこの場所に生きる未熟な僕(たち)にとって、人と別れ死と出会うことは、想像をこえるような哀しみやさびしさ、苦しみを味わうことになる。弘法大師でさえも智泉《ちせん》という愛弟子《まなでし》の死を受けて、このような言葉を残しているのだ。

「哀《かな》しいかな、哀しいかな、哀《あはれ》が中の哀《あはれ》なり。悲しいかな、悲しいかな、悲《かなしみ》が中の悲《かなしみ》なり」

(弘法大師　空海『続遍照発揮性霊集補闕鈔《しょくへんじょうほっきしょうりょうしゅうほけつしょう》』巻第八)

つづく言葉の中で弘法大師は、仏教のことわりを知ってはいるけれど、涙を流さずにはいられない、悲しい、と重ねて言葉を発する。

死は本当に果てしない悲しみを含んだ存在だ。しかし、それを覆い隠すことなく、ただそれを大事に扱い、思い出す。そのことが、亡くなった人にとっても、残った人にとっても、大切な祈りのような回復の意味をもつことがある。そんな感覚を僕はこの、はじめてのお盆の行事から受けとったような気がした。

そして、お盆にお坊さんがやって来ない家の人たちも、たとえばお気に入りのシャツを着て、気持ちのいい場所を訪れて、オガラから空に向かってのびる煙をただ眺め、〝死んだ人を思い出す〟それだけであったとしても、とても大切な行為になりえるような気がした。そんな個人的なお盆があってもいいように僕には思われた。

ハッピー？

お盆というお坊さんにとって割合よく知られた役割以外にも、住職という仕事の中には、「どんなふうに進んでいけばいいだろう？」と、いくつかの選択肢の中で、迷ったり、なかなか結論の出ないこともあった。結論の出ないことは、じっくり考えてあまり急がないというのも、ひとつの方法だと思うけれど、僕はどこかで、「スピード感」を大切にしたいと考えていた。

「善をなすのを急げ。悪から心を退けよ。善をなすのにのろのろしたら、心は悪事をたのしむ」（『ダンマパダ』―法句経―一一六）

そんな言葉が、頭のどこかにあったのかもしれないし、宗教を若いエネルギーを抱えたまま切実なものとして考えてみたい、という思いもあった。見るからに穏やかな老僧になって「私もこの歳になってくると、欲望を抑えることの重要さがやっとわかってきました」とにこやかに微笑むのも、ひとつの僧侶の姿かもしれないけれど、僕にとっての宗教はもっとリアルで、生々しい生きる術《すべ》であってほしかった。ただ単にせっかちなだけなのかもしれないけれど。

とはいっても、やはりいくら考えても結論の出ないことも多かった。そんな山積した選択肢の中で、僕はふと、

「そうだ。ほとんどの判断を〝ハッピー？〟とひとこと、自分に問いかけることだけで、結論を意外と簡単に引き出せるかもしれない」

と思いつき、ひとりで興奮していた。あまりに単純で気恥ずかしいことではあるけれど、その瞬間、心から腑に落ちるような気分になったのだ。仕事の中では、人間関係を重視してまわりの人の機嫌をうかがったり、習慣や先例から結論を導くようなことも結構あるだろう。坊さんにだってあるし、そういったものすべてを否定したら、意外と人間は生きにくいかもしれな

い。しかし新しいことを始めたり、既存のことがらの中になにかを混ぜ込もうとする仕事や要素に関して、自分が迷った気分になったなら、「で、ハッピーなの？　お前は、それで」と自分に聞こうと思ったのだ。それで、僕自身はスルリといくつかのことに対して、結論をもてると思った。

単純な快楽の充足に対して仏教がたしなめているのもまた事実だ。

「快楽の味は短くて苦痛である、と知るのが賢者である」（『ダンマパダ』―法句経―一八六、部分抜粋）

しかし、僕は「ハッピーか？」と問いかけることを、快楽の追求というよりは、今の心の状態を自分は喜んでいるのか、ワクワクしているのか、悲鳴をあげていないかと、忘れずに見つめることだと感じているのだ。

弘法大師はこのようにいっている。

「朝朝　一たび自心の宮を観ぜよ。自心は亦是《またこ》れ三身の土」（弘法大師　空海『遍照発揮性霊集』巻第二）

【現代語訳　毎日一度は自分の心の宮殿を観照せよ。自分の心は仏の三身のすみかである】

その静かな確認作業のような〝問いかけ〟の時間自体が、僕にはとても大事に思えるのだ。

「仏教で、ワクワクしたい」

それはなにか、困難で筋違《すじちが》いの印象を与えることだってあるだろう。その思想は時に、すこぶる厳しいものであるし、クールなものでもある。しかし、仏教をヒントにした心への問いかけの中で、自分が変化を感じたり、なにかしら強度を増す体験があったとしたら、そのことをおそらく僕たちの心は、ワクワクしたり、ハッピーだと感じるのではないかと思う。

たとえば、多くの人が悩み、考えることの多い、「怒り」や「孤独」について仏の教えは、端的に答えている。そんな言葉や思想に触れて、自分自身がその対応方法を学べるかもしれない、と期待をもったり、部分的であっても実行できたとしたら、それは深い意味での「よろこび」に直接つながった話だと僕は思う。

仏の教えは怒りについて「怒らないことによって怒りにうち勝て」(『ダンマパダ』―法句経―二二三、部分抜粋)とシンプルに諭《さと》し、孤独について「旅に出て、もしも自分よりもすぐれた者か、または自分にひとしい者に出会わなかったら、むしろきっぱりと独りで行け。愚かな者を道伴《づ》れにしてはならぬ」(『ダンマパダ』―法句経―六一)。そんなふうに語る。〝すぐれた者〟や〝愚かな者〟の解釈には、注意深い洞察が必要な部分ではあるし、僕自身は「時にひとりで進むべき時だって、あるんだよ」というふうに、やわらかく受けとめている。しかしそこには、今の時代だからこそ耳を澄ませるべき勇気がつまっているように、感じられるのだ。

また僕が学んだ密教では、その仏の教えを大前提としながらも、時に大きな目的のために、人を救うためならば「怒り」や「欲望」も、それに活かすためのエネルギーにすることだってあるのだと伝えられた。

ワクワクしたりハッピーな気分になるための、かけがえのない〝よろこび〟のヒントが、楽な道ばかりではないけれど、仏の教えにはあるように思う。

「則《すなは》ち途《みち》に触れて皆《みな》宝《たから》なり」ノ巻

「死を想う。そして本当の楽とは？」

〝オン　コロコロ　センダリ　マトウギソワカ〟

栄福寺《えいふくじ》には薬師如来《やくしにょらい》をお祀《まつ》りした「薬師堂」という小さなお堂がある。そこに毎年、お寺のある「八幡《やわた》」地域の小中学生が集まって、「お薬師さん」という行事を住職と行なうことになっている。僕も子どもの頃から参加してきたけれど、今年からは、僕が住職だ。

お薬師さんが近づくと、子どもたちは「あつめもの」といって、八幡の家を自転車ですべてまわり、薬師如来のお供えと自分たちのお菓子を買うためのお金を調達する。「あつめもの」はお薬師さん以外にも、神社のお祭り（ローソク代）やお寺の「お大師《だいし》さん」でも集め、だいたいは一軒五百円ぐらいだったと記憶しているけれど、十円の家があったり、五千円もくれる家があったりした。だから僕は、子どもの頃から自然と八幡の人と家の場所をすべて把握していた。

「オレ、管《かん》さんとこ行ってくるわ」

「オッケー、じゃあ僕は下《しも》（海側を下、山側を上《かみ》という）の、大河《おおかわ》さんね」

そうやって小さな頃から、一年に何度も地元の家をまわっていると子ども心に、「それにしても、世の中にはいろんな人がいるのだなぁ」と感じた。子ども時代の僕にとって、小さくはない体験だったと思う。このような風習が残っている地域やお寺は、他のお坊さんに聞くと多くはないようだけれど、できるかぎり続けていきたいことだ。

そんなわけで、子どもたちが栄福寺にやって来た。まだ本当に小さな小学校低学年から、「大将」とみんなから呼ばれる(毎年任命される)、最年長の中学生までの子どもたち。薬師如来は、病苦から人々を救ってくださるという信仰があるので、地域の人たちの健康を祈願して、まずは僕がお経を唱えた後、毎年、お寺に伝わる「薬師如来の伝説」についてのお話をする。

「むかし、むかし。この薬師堂の前には、大きな桜の木がありました。そこでは、毎年、春になると村の人たちが集まって、花見をしながら宴会をしました。しかし、ある年のこと。村人《むらびと》のひとりが、素人料理でフグ鍋《なべ》をみんなにふるまったところ、しばらくしてからフグを食べた人たちが苦しみ始めました。これは、大変! ということになって、鍋の残りを桜の木の根に捨てて急いで家に帰り看病《かんびょう》したところ、幸い命を落とした者はひとりもいませんでした。しかし、その桜の木はその年で、枯れてしまいました。

それからというもの、村の人々は、桜の木が薬師如来さまの功徳《くどく》によって〝身代わり〟になって助けてくださったにちがいない、と話しあい、その年以来、毎年子どもたちを薬師堂にお参りさせ、お供えを捧げ、感謝と健康をお祈りしているのです。オシマイ」

僕も子どもの頃、何度も聞いた話を今年からは自分が話して聞かせるのは、なんだか不思議な気分でもあったけれど、「いにしえの伝説のかたりべ」のような役割も、村のお寺の住職として大事な部分でもあると思うので、できるかぎり丁寧に話した。

しかし年長の子どもたちは、毎年同じ話を聞いているので、いつもと違う話もしようと思って、簡単な仏教の言葉をポストカードにパソコンで印刷して紹介したりもした。

「最近、テレビとかでは、みんなと同じぐらいの歳の子どもたちの、怖い暴力事件なんかもやってるよね。みんなは、どうして人を傷つけてはいけないか考えたことがある？　僕は仏教のお坊さんなんだけど、仏さまの教えの中にはこんな言葉があるんだ」

「すべての者は暴力におびえる。すべての（生きもの）にとって生命は愛《いと》しい。己《おの》が身にひきくらべて、殺してはならぬ。殺さしめてはならぬ」（『ダンマパダ』―法句経―一三〇）

「なんとなく意味がわかるかな？　みんなは自分が幸せだったらいいな、とか、楽しかったらいいなって思うよね。それとか、お父さんとかお母さんや友だちなんかが、そうだったらいいなって思う。それは、誰にとっても同じことだと思うんです。みんなが自分のことを考えるように、いろんな人が、自分のことを大切に考えているんです。学校でもいろいろなことがあるから、時には、どうしようもなく頭にくることだってあるかもしれないけれど、もし、人を傷つけたくなってしまったら、この言葉を思い出してほしいです。みんなに、自分っていう、大事なものがあるんだ、自分と同じように、ということをです」

大人以上に真剣な表情で頷《うなず》いている子もいれば、この後の「宝探しゲーム」が気になって、気が気でない子、急にテンションが上がってきて意味もなくブリッジを決める子、さまざまだったけれど、僕は話を続けた。

「はいっ！　お薬師さまには〝真言《しんごん》〟という、強力な呪文のようなものがあって、それはみんなの心と体を、すごいパワーで守ってくれるから、お坊さんがせーのって言ったら、〝オンコロコロ　センダリ　マトウギソワカ〟って七回、一緒に唱えてくださいね」

ターゲットはポケモン世代だ。

「まずは練習です。せーのっ」

「ウン　コロ　コロ！　うんこ！　うんこ！」

こういう子どもって、いつの時代にもいるものだ。僕もそういう子どもだったかもしれない。しかし、その後の〝本番〟で、僕が再び「せーのっ」と声をかけると、今度は子どもたちが声を揃えて綺麗な声で、薬師如来の真言を唱えてくれた。しかも、だんだん声が大きくなり、最後のほうになると、小さなお堂の壁がびりびり震えるぐらいになった。僕は驚いて、後ろを振り返ると、子どもたちが、いたずらっぽい表情でにやにや笑いながら「どーよ、和《お》尚《しょう》！」てな顔をしてやがる。

自分の中で「論理的な仏教」「リアルな宗教」を考えてみたいと思うことが多くて、「村の素朴な行事」に対して、どこか冷めた目線がもしかしたら、心の中にあったのかもしれないけれど、今日は自分でもびっくりするぐらいうれしかった。そしてそのことを教えてくれたのは、子どもたちだった。

「心暗きときは即《すなは》ち遇《あ》ふ所悉《ことごと》く禍《くわ》なり。眼《まなこ》明らかなれば則《すなは》ち途《みち》に触れて皆宝《たから》なり」（弘法大師　空海『続遍照発揮性霊集補闕鈔《しょくへんじょうほっきしょうりょうしゅうほけつしょう》』巻第八）

【現代語訳　心が迷いにとざされているときは、めぐり合うものはすべて禍《わざわ》いであり、さとりの目を明らかに見ひらいていれば、会うものはすべて宝となる】

僕が〝さとりの目を見ひらいていた〟わけでは、もちろんないけれど、先入観を取り払って、素の心でなにかを見つめられた時には、ほとんどあらゆるものが自分にとって意味があることなのかもしれない。お薬師さまもさぞ、今日は喜んでおられるかな、と表情をうかがうと、「しょーがねーなー、こいつら」というような表情で笑っているようだった。

長老に引導を渡す

そんな初体験の日々の中でも、やはりお寺には〝死〟という別れの知らせがやってくる。その儀式を司《つかさど》ることになる僕にとって、数少ないできることのひとつは、そこに「懸命に心を込めること」。直接そのことを、言葉にしなかったとしても、自分なりの「真摯《しんし》な本気」があれば、そこに集まった人たちに自然に通じることが多いようだった。それは、故人の家族や友人が、大切な人の死に接して、とても鋭く繊細な気持ちになっているからだと僕は感じるようになった。

ある日の早朝、檀家さんがお寺にやって来て、栄福寺の檀家長老が亡くなったことを僕に告げた。考えてもいなかったことで、うまくそのことを心に馴染《なじ》ませることができなかった。雨の本堂にぼんやりと立ちつくした。僕が住職に就任以来、〝わがこと〟として、お寺のことを考えてくれ、若い住職を心配する以上に、心から応援してくれた。そしてまわりの人たちに、お寺の大切さを勇気をもって語ってくれた。

とても優しい人で、語る以上に「見ている」人だった。おしゃべりの僕は、その姿を見ていつも、「真似できないけど、すごいことだな」と思っていた。

そんなことを考えながら、僕は彼にふさわしい「これからの名前」、戒名の言葉が頭に浮かんでくるのをじっと待った。まず浮かんだのは「慈観《じかん》」という戒名だった。しかし単に観ているだけでなく、これからは光のように、むしろ照らしてくれるのかなと思い、「慈照《じしょう》」という戒名を授けようと思った。

その夜、枕経《まくらぎょう》をあげにご自宅へ向かうと、やはり長老は亡くなっている。まだお葬式に行き始めて間もない僕にとって、つい先日まで言葉を交わしていた人が動かず、言葉を発することもなく、亡くなっているということは、うまく心に納めることが難しいことだった。

「朝《あした》には多くの人々を見かけるが、夕《ゆう》べには或る人々のすがたが見られない。夕べには多くの人々を見かけるが、朝《あした》には或る人々のすがたが見られない」(『ウダーナヴァルガ』――感興

のことば―第一章七)

本当に、その通りだ。人が〝死ぬ〟ということは、日常生活の中で、見ないように、考えないようにしてしまうこともあるけれど、仏の教えはそれを繰り返し見ろという。そして、それが意味があることだと。

「〝われらは、ここにあって死ぬはずのものである〟と覚悟をしよう。――このことわりを他の人々は知っていない。しかし、このことわりを知る人々があれば、争いはしずまる」

(『ダンマパダ』―法句経―六)

いつかは死ぬことなんて知っているさ、そう言いたくもなるけれど、「考えないこと、心に留めないことは、知らないことと同じなんだ」。そんなふうにブッダは言いたいのかもしれない。――死を想え――仏はそう語りかける。

長老の奥さんは涙声で、

「おっさんと話したいって言っていたよ。なにが言いたかったんやろね」

と伝えてくれた。僕は、自分なりに理解できるような気がした。「お寺のことをよろしく頼むね」。おそらく、そのひとことだろう。わかっているつもりだ。

長老のすぐ隣に腰を下ろし、いつものように樒《しきみ》の葉を使って水で唇を潤し、仏弟子になってもらう儀式の中で、僧侶はイメージの中で故人を剃髪《ていはつ》する。その時、こんな偈《げ》を口にするのだ。

「流転三界中《るてんさんがいちゆう》　恩愛不能断《おんあいふのうだん》　棄恩入無為《きおんにゆうむい》　真実報恩者《しんじつほうおんしや》」

（我らの世界に生き死んでいるうちは、愛や恩を断つことはできない。そこから離れ、涅槃《ねはん》に入ることが、本当の恩に報いることでもあるんだよ）

僕はこんなふうに、この部分を理解している。

枕経が終わり、お葬式までの時間、僕はお寺で葬式に使うお経を紙に書いて、なにかを込めようとした。

次の日の葬式では、儀式の合間に長老の写真を見てふと、

「自分のやり方で、精一杯、坊さんを楽しみます」

という言葉を長老にかけた。どうして、〝楽しむ〟という言葉が出てきたのだろうか。僕は自分勝手かもしれないけれど、それを長老の最後のプレゼントのように考えることにした。

「ゴータマの弟子は、いつもよく覚醒《かくせい》していて、その心は昼も夜も瞑想《めいそう》を楽しんでいる」

（『ダンマパダ』―法句経―三〇一）

仏の教えの中にも〝楽しむ〟という言葉が、いろいろな場面でよく出てくる。それは、普通の意味での「楽しむ」とは違った意味ではあるけれど、仏教が苦しさや厳しさを求めて修行する教えではなく、もっと〝楽な状態〟があるんじゃない？　と提案する教えだからだろうか、と想像した。本当に「楽しむ」とはなにか。そのことは僕にとって「死」とともに、ずっと考え続けたいテーマだ。

葬儀の終わりの挨拶では、弟さんが長老の人生を語った。大工として何軒もの家を建て、二代にわたって栄福寺の住職を支え続けた。僕は最大限の感謝を込めて、「栄興院《えいこういん》」という院号を長老に贈らせていただいた。

すべての儀式は終わり、火葬場で遺体を荼毘《だび》に付してから、遠くの地方から集まった家族や親戚と一緒に食事をとることになった。七人のお孫さんは、僕と同世代だ。そのひとりの女の子がにっこり笑って僕に大きな声をかける。

「和尚さん。私の手帳にじいちゃんの戒名書いて！」

その手帳を開けると、家族で撮った写真がひらひらと舞い落ちた。

お酒も入って顔を真っ赤にした若い兄ちゃんが、自分のことを熱く語り始める。まわりの人は、ガハハ、アハハ、と煽《あお》るように、時にたしなめるように、笑う。「死」、それは本当に大事なことだけれど、「生きている」、そのことも、本当に、本当に素敵なことだと思った。

さようなら。ありがとう、長老。
これからも、どうぞよろしくお願いします。

「定《ぢやう》慧《ゑ》　心《しん》海《かい》を澄《す》ましむれば」ノ巻

「〝自分〟だけではおもしろくない？」

「保存装置」としての宗教

僕の住む栄福寺《えいふくじ》は、ほとんど例外なく四国遍路のガイドブックに「山あいのこぢんまりとしたお寺」と記載されている、四国札所の中では比較的小さなお寺だ。でも個人的には、その「シンプル・スモール」で静かな雰囲気が気に入っている。断じて「広すぎて、掃除が大変じゃなくてよかった……」などと考えているわけではない。

四国遍路は弘法大師の聖地巡礼なので、札所のお寺には「大師堂」がある。栄福寺の古い大師堂には十二支の動物たちが彫られているのだけれど、その中で「羊」の姿が見あたらず、言い伝えによると「隠し彫り」がされていて、簡単には外から見えないようになっている。だから、その伝説を知っているお遍路さんの中には『ウォーリーをさがせ!』のように大師堂の彫刻群を凝視して、羊を探している人が時々いる。そのような「しかけ」の意図を想像したりしていると、まるで大昔の人たちとタイムラグのある会話のキャッチボールをしているような、そんな気分になることがある。

毎日訪れる「お遍路《へんろ》さん」の拝《おが》む姿を眺めたり、話したりしていると、宗教には、さまざまな意味をひっくるめた「思想」や「アイデア」、「祈り」「世界観」などを〝長期保存〟することができるという、保存装置のような性格があるのかなと思うことがある。僕は、これを宗教のもっている「いい面」のひとつだと考えている。

過去の時代の中で、たくさんの宗教家が登場して、その考えを今でも支持している人たちは、まったくオリジナルのままでないにしても、また部分的であったとしても、少なからずその意思を引き継いでいる場合が多いだろう。

ひとつ、ひとつの宗教あるいは宗教自体が、「好き」「嫌い」、「いい」「悪い」という話ではなくて、今、残っている宗教のいくつかは、それが「宗教」という形態をとらなかったとしたら、その思想や思考方法が「残っていたかな？」「何百年、何千年と続いたかな？」と考えた時、「そうはいかなかったかもな」と想像する。

人が〝あること〟を思想し、体験し、ある地点にたどり着いた。それを、とても「特別だ」と感じた。

そして自分が死んだ後にも「役に立つ」と考えた。

とても長い時間、「残したい」と思った。

それが、結果として「宗教」になっていったこともあるだろうし、もちろん最初から宗教という形をとっていたことだって多いだろうけれど、僕の想像では、宗教の〝保存装置〟としての性格に着目して、あえて意図的に「宗教」を入れ物として利用した人も少なくないように感じる。そして、その人はとても勘が鋭いとも。

四国を巡拝しているお遍路さんは、巡拝中ずっとではないとしても、また途切れ途切れであっても、普段の生活の中では、ほとんど考えることはなかったであろう「仏の教え」のことや、『般若心経《はんにゃしんぎょう》』に登場する「空《くう》」、そして「お大師さま」のこと、また死者や、未来の人たちのことを想っている。

弘法大師が、どのようなスタンスで「宗教」（この言葉自体が比較的新しいものだけれど）のような存在と向かいあっていたかは、誰にも完全には知ることができないけれど、その宗教というスタイルをもっているからこそ、今に残った思想は多いだろうし、伝わった「人たち」も少なくない、と僕は思う。

どうしてそのような独特の力、性格を「宗教」がもちえているかは、よくわからない。思想やアイデアのようなものに、「祈り」「生命」「志」のようなエモーショナルな存在や「儀式」や「巡礼」などの儀礼的、習俗的なものが組み合わさった時、化学変化のように「長期保存可能な性格が発生したのだろうか。もしかしたら、人間の心にピタッと張りつくように変化可能な「可塑性《かそせい》」のある動きを宗教はするのかもしれない。

「花の香りは風に逆らっては進んで行かない。梅檀《せんだん》もタガラの花もジャスミンもみなそうである。しかし徳のある人々の香りは、風に逆らっても進んで行く。徳のある人はすべての方向に薫る」（『ダンマパダ』―法句経―五四）

宗教のもっている一種独特の力強さ。それは時に、自然の摂理《せつり》に翻弄《ほんろう》され続ける当たり前の現実の中で、誇り高くすくっと立ち上がろうとする、「人間」の〝意志〟がもっている意外な強靭《きょうじん》さを彷彿《ほうふつ》とさせ、僕は胸が熱くなることがある。

そして、宗教が「保存装置」のような性格をもっているという僕の考えが、あながち見当外れでなかったとしたら、「今残っている宗教には、歴史の中で〝学問〟や〝思想〟が残すことのできなかったタイプの有効ななにかがあるかもしれない」と想像する。同時に「今、大切なことを確信したら、宗教という存在にそれを残すことで、新しいつながりが時代をこえて発生して、自分たちの後の人たちを助けることがあるかもしれない」と考えるのだ。

そういった僕の中での〝気づき〟のような感覚をじっくり感じていると、残されている宗教にもっと今、耳を澄ませてみたいと思うし、今よりも多くの人と宗教のことについて話ができるかもしれない、と考えたりした。

「日月に臨《のぞ》んで水火を得、鳳鵬《ほうほう》に附きて天涯に届《いた》る。感応相助《かんのうあひ》くるの功、妙《たへ》なる矣哉《かな》」

【現代語訳　日光の力で陽燧《ようすい》（ひうちがま）は火を得、月光を受けて方諸《ほうしょ》（月から水をとる鏡）

は水が得られる。鳳《ほうおう》や鵬《たいほう》のような大きな鳥に附いて行けば、蚊《か》や虻《あぶ》でも天涯（空の果て）にまで到ることができる。ものごとが互いに感応しあい助け合う力というものは、まことに微妙であることよ】（弘法大師　空海『遍照発揮性霊集《へんじょうほっきしょうりょうしゅう》』巻第五）

自分という存在は、考えようによっては果てしなく小さなものだけれど、多くの時間と智慧《ちえ》をたくさんの人が積み重ねた声を聴こうとすることで、またそれに応えて声をあげることで、神秘的な霊鳥のように輝く神聖なものとコミュニケーションし、行動をともにすることだって、できるのかもしれない。その可能性を最初から否定してしまうことは、なんだかすこし、もったいないような気がする。

時にポップ・ソングみたいな仏の教え

また、「宗教」には人々が〝共通して〟もっている心に語りかける「ポップ・ソング」のような性格を感じることもある。そのことを強く感じたのは、自分にとって意外に大きな体験だった。

以前、四国八十八ヶ所の住職さん全員に好きな言葉を色紙に染筆してもらって、一冊の本をつくろうという企画をたてた人がいた。僕は、自分の僧侶になる前の名前でもある「歩」という字を墨で書いて、「歩く」ということについての短い文章を書かせてもらった。その企画は、結局頓挫《とんざ》したようだけれど、いつ何時《なんどき》、「住職……、もっと長いのをお願いします……」という突っ込みを受けてもいいように、気に入った漢文の言葉を一字一字、丁寧に練習していた(ちなみに「胸中万巻書」という言葉)。

僕は書道という表現にかなり昔から、感覚的な苦手意識があった。

「お手本や決まりごとの多い表現や芸術というのは〝たのしさ〟が少ないんじゃないかな」

若気のいたりと、自分のずぼらな性格を加味したうえであえていうならば、そう思っていた。そして、僕以外にも、お手本や決まりごとに対して、そう思っている人は少なくないような気がする。これは、人がけっこう根深い場所にもっている「オリジナル願望」のような気分があるからだというように思う。

「自分にしか、できないことをやりたい」

多くの人にとって、そういう願望は自然なものだし、正直にいうと僕は、そういう気持ちを強くもっているタイプかもしれない。しかし、〝胸の中にたくさんの書物がある〟という、この言葉の雰囲気は気に入っていたし、なにせ「必要」なものでもあるので、筆の流れや、止めの形を意識しながら、しばらく繰り返し練習を続けていた。「ここは、書道の先生が特に教えてくださったところだな。どうやったらいいんだっけ」などと漠然と思っていた。「どうして、こんな技術が伝わったのかな、考えてみたら、おもしろいな」なんてことも考えながら。そしてその時、ある考えがパンと腹に収まって、頭を走り抜けるような感覚があった。

「あっ、これって気持ちいいとか、〝キレイ〟の保存装置だ。しかも、それって自分だけのものである必要って、全然ないんだ」

と感じて、なぜだか少し自分の胸に迫るようなジンとする気分になった。これは書道にかぎった話ではないのだ。

「坊さん」という仕事の中でも、「仏の教え」の中でも、変わることのない決まり事はたくさんあって、それには時に、心理的な距離感を感じることもあった。それを、いい意味で打破していくことが、これから必要な場面は大いにありうると想像するのだけれど、「打ち壊せばいい」「自分の方法でやればいい」などという、そんな単純なものではないと思ったのだ。

世界にはたくさんの美しさや、幸福だと感じる〝発見〟が、いろいろな保存装置にくるまって、たくさん残っている。そしてそれは、「たくさんの人にとって共通の感覚」であることも、すごく多いにちがいない。シンプルで当たり前のことなのだけれど、

「人は違う部分よりも、同じ部分のほうがずっと多い」

そのことに僕は胸を突かれ、唖然とするような気分になった。

「人は、それぞれが違って当たり前です」。そういった言葉はよく聞くし、本当にその通りなのだけれど、もしかしたら、それ以上に時々忘れてしまっていることは、「人間は、時に驚くほど似ている」ということなのかもしれない。

そして、その「人が共通してもっている部分」にもずっと目を注いできたのが宗教だと思う。人はいかに、リラックスし、幸福になり、楽しくなるのか。まるでポップ・ソングが多くの人の心をつかんで放さないように、宗教はその共通した部分を理知的に思考し、直感で感じてきた。そう、宗教は時にポップ・ソングのようだ。その中でも仏の教えは、ある地点にいたると、もう、自分とかあなたとか、善悪とか、そういった概念自体を吹き飛ばすような、強くて静かな、そんな風を呼ぶことがあるようだ。

「是非《ぜひ》　同じく説法なり　人我《にんが》　倶《とも》に消亡す　定慧《ぢやうゑ》　心海を澄《す》ましむれば　無縁にして毎《つね》に湯湯《しやうしやう》たり」（弘法大師　空海『遍照発揮性霊集』巻第一）

【現代語訳　正も邪も等しく如来の説法であり、自他の区別は消え去ってしまう。禅定《ぜんじよう》（瞑想）の智慧によって心の海を透明にすれば際限なき慈悲は常に拡がり行く】

「私だから」。そういった思いは、多くの人にとって、たまらなく大事なものであるにちがいない。しかし、その片側に、「自分」も「あなた」も、「なにもかも」を含んだ価値観・生命観を〝同時に〟しっかりともち、両輪にすることが、大切なことのように僕は思う。とても難しいことではあるけれど。

そして、それは「大切」なだけでなく、「時に〝自他〟をもたない」というのは僕たちの〝現実のすがた〟であるとも感じるのだ。つまりここにあるのは、情緒的な精神論ではなくて、むしろシビアでクールな存在論であり生命認識でもあると思う。

実際の生活の中でも、つい意固地に守ろうとしてしまう「自分」や「自分の経験」から、もっと自由なほうが楽しいことは多そうだ。

「ひとが何か或るものに依拠《いきょ》して、〝その他のものはつまらぬものである〟と見なすならば、それは実にこだわりである、と〈真理に達した人々〉は語る。それ故に修行者は、見たこと・学んだこと・思索したこと、または戒律や道徳にこだわってはならない」(『スッタニパータ』七九八)

仏が語るメッセージは、今に生きる僕たちの真ん中を射抜く。自分にとっては、正直きつい言葉でもあったけれど、それを思うことは、どこか〝救い〟にも似た香りを感じた。風に逆らって、僕という場所に届いた。

多くの人が、たくさんの時間の中で大切に保存してきた〝宗教〟というとてもオリジナルな存在から、どんな声を聴き、また未来に向けてなにを置いていこうとするのか。「私」だけでない、僕たちが共通してもつ心に語りかける、時にポップ・ソングのような仏の教え。

どうやら、仏教は「坊さん」だけが独占するには、あまりにもったいない。そんなことを考えると、僕はワクワクし、うれしくなった。もちろん、「宗教をもつと人生はバラ色」なんて単純な話ではないことは、当たり前の話だけど、大事なヒントがそこにはあると思う。

最近、お寺のトートバッグをグラフィック・デザイナーとつくり、そこに小さく「MORE GOOD」という言葉を入れてもらった。完璧な存在を見つけ、実現することはとても難しい。しかし、どんなに小さなことであったとしても、「今よりも、よき、なにか」を愚直に探してみることで、始まることも少なくないだろう。それに、仏の教えを現実生活に活かすことだって、「MORE GOOD」を探すことから始まるように僕は思う。

V

悩む坊さん

「ただ二利《にり》のみにあり」ノ巻

「それでも〝私〟は輝いて」

やがて人は友のようになる

先日、本堂が新しく建て直される予定のお寺に行って、解体されるお堂での最後の行事に参加した。どんな時代であっても、一般的な建物よりもずいぶん大きいことが多い寺の本堂を、みんなでお金を出しあって建立《こんりゅう》することは、とても困難な事業である。お坊さんたちの読経も終わり、最後にそのお寺の住職が集まった檀家さんのほうを振り返って、男泣きをぐっと堪《こら》えながら、話し始めた。

「わたくし、新しい本堂が造立されるという喜びに、声にならないほどの感激を……」

その時、初老の方の携帯電話が不意に鳴った。着信メロディーは「ルパン三世」。厳粛な雰囲気は一転、どっと笑い声があがった。

僕の知り合いのお坊さんは、自分で吹き込んだ『般若心経《はんにゃしんぎょう》』を携帯電話の着信音にしている。それについて、異論を唱えるつもりはない。しかし彼は、その着信音のデータを僕の携帯電話に送信し、よく訓練されたスパイのようにすばやく電話の着信音に設定した。それを知らずに、出張先のホテルでチェックインをしていた僕の携帯電話が、『般若心経』を唱え始めた時、受付の男性は、疑い深い目で電話を見つめた。同じ立場だったら、僕だってそうするだろう。とにかく坊さんも携帯電話には要注意だ。

僕の「坊さん生活」の中で、こんなふうに儀式などがあって人と協力しながら働くことは、じつはそんなに多くはない。会社勤めをしばらくしていたからか、個人的な性格なのか（たぶん両方だろう）、「ひとりでこつこつ働く」という坊さんの基本スタイルには、じつはすこし苦手意識があった。それには、「いいアイデアを思いついたら、すぐにまわりに話して、盛り上がりたい」「人の話を聞くのが好き、人に話すのが好き」というシンプルだけど、人がわりと根源的にもっている欲求に根ざした傾向でもあると思う。

でも考えてみたら、この「チーム」（集団、組織）と「個人」の関係というのは、大きな喜びに結びつくこともあるけれど、多くの人にとって深い悩みの種になりうることだってある。僕も、坊さんになってからだけではなく、子どもの時でも、高校生の時でも、サラリーマンの頃だって、そのことについて、ずいぶん困ったり、考えたような気がする。そして、むしろチームや組織からたまらなく距離をとりたくなった時だって、一度や二度ではない。孤独を好むそういう態度にあこがれをもつことだってある。

そういった問題は、現代的な問いかけのようにも一見、思えるけれど、仏の教えに相談するように、じっくり耳を傾けてみると、そこには意外にも本当にたくさんのヒントがあるようだ。

仏の教えは、「なんとなく」のイメージとして、集団的で「みんなで仲良く」というほのぼのとしたイメージがあるかもしれないけれど、時に「個」というものを驚くほど強く重視する。「仲間の中におれば、休むにも、立つにも、行くにも、旅するにも、つねにひとに呼びかけられる。他人に従属しない独立自由をめざして、犀《さい》の角《つの》のようにただ独り歩め」(『スッタニパータ』四〇)

「肩がしっかりと発育し蓮華のようにみごとな巨大な象は、その群《むれ》を離れて、欲するがままに森の中を遊歩する。そのように、犀《さい》の角《つの》のようにただ独り歩め」(『スッタニパータ』五三)

「集会を楽しむ人には、暫時《ざんじ》の解脱《げだつ》に至るべきことわりもない。太陽の末裔《まつえい》(ブッダ)のことばをこころがけて、犀《さい》の角《つの》のようにただ独り歩め」(『スッタニパータ』五四)

これでもか、というほど繰り返し「個」のもつ重要さについて、仏は言葉を発する。これは、精神修行を専門とする出家者に対して向けられた言葉であるようにも思うけれど、何千年の時をこえて、「ひとり」という単位の尊さについて、「犀の角」という鋭いイメージとともに今の僕たちに染み込んでくる言葉だ。

仏の教えにとって「個」は、時に幻影のようなもの、とそのこだわりから離れるように諭《さと》されながらも、同時に、どうして、すこぶる大事な輝く存在なのか。それは、「自分」という個人は、ある意味で自己をコントロールするための、唯一のドライバーのような存在だからなのかもしれない。

「自己こそ自分の主《あるじ》である。他人がどうして（自分の）主であろうか？　自己をよくととのえたならば、得難き主を得る」（『ダンマパダ』―法句経―一六〇）

そして、他への過度な期待をたしなめ、自分というものの大きさを繰り返し語りかける。

「みずから悪をなすならば、みずから汚《けが》れ、みずから悪をなさないならば、みずから浄《きよ》まる。浄いのも浄くないのも、各自のことがらである。人は他人を浄めることができない」（『ダンマパダ』―法句経―一六五）

〝人は他人を浄めることができない〟。なんという冷静かつ現実的な認識だろう。ここには、「神様、仏さま、どうか、なにとぞ、お願いします！」というような超越者やヒーローに期待する構造は皆無だ。やるのは、ひとり、ひとりの〝自分〟なのだ。仏は自己に喚起《かんき》をうながし、甘えを拒絶する。僕などは思わず悲鳴をあげてしまいそうだけど、リアルな現実というのは、時に厳しいものなのかもしれない。

しかし、チームの楽しさ、うれしさは、ひとりの時に感じられないような格別なものでもある。組織の中で、「おまえ、やったなぁ」と肩をたたきあったり、仲間と「次は、絶対、がんばろうぜ」と励ましあったことがある人ならば、正直にいうと、「ブッダさま！　ずっとひとりは、さびしいかも」と懇願《こんがん》したくなるだろう。だいじょうぶマイ・フレンド、僕もそのひとりだ。

「もしも汝《なんじ》が、〈賢明で協同し行儀《ぎょうぎ》正しい明敏《めいびん》な同伴者〉を得たならば、あらゆる危機にうち勝ち、こころ喜び、気をおちつかせて、かれとともに歩め」（『スッタニパータ』四五）

美しい言葉であると思う。〝個〟で歩くことの決意と勇気、それでこそ見えてくる「ともに歩く」ということ。仏の教えは時にやわらかい。

「でもチームメイトに気をつけるんだよ」と仏は語りかける。人は、一緒にいる人の影響を想像以上に強く受ける。だからこそ他人にいい影響を与えるために、自己をととのえることの意味が強まる、ということもできるけれど、悪い影響から避けることは、きわめて難しいようだ。

「どのような友をつくろうとも、どのような人につき合おうとも、やがて人はその友のような人になる。人とともにつき合うというのは、そのようなことなのである」（『ウダーナヴァルガ』─感興のことば─第二五章一一）

つき合う人には注意しよう、その程度のことは僕も考えることはあったけれど、まさに〝その人のようになるのだ〟というこの問いかけは、人が人に与える影響の強さについて、さらに考えるきっかけになりそうだ。

どんな年齢や性別の人にとっても、おそらく考え続けることが多いであろう、「集団」と「個」について、ここまで明確な言葉が仏の教えの中に残っていることに、なんだか痛快な気分になった。言葉通りに実行することは、もちろん簡単なことではないけれど、いつも胸にしまっておきたい智慧のある言葉だと思う。

「自利と利他」の両立こそ

どうして、僕たちはこんなにも「集団」と「個」、「チーム」と「個人プレイ」のようなことを、繰り返し考えるのだろうか。結局のところ、人には「自分」と「他人」しかいないし、ひとりの人間は「個」でありながらも社会的な要素を強くもっているので、それは自然なことかもしれない。

その中でも「他人」にとって「自分」がどう見えているのか、そういう率直な思いは意外に強力なものであると思う。時にそのことは、人を強く苦しめる。「自分は自分さ」。そう自分に言い聞かせても、まったく人の目が気にならない人なんて、ほとんどいないのかもしれない。メディアが発達し、またそれを個人がもつことが容易になった今（それ自体はいいことだと思うけれど）、そういう傾向はむしろ強まっているようにも見える。

そのような卑近《ひきん》とも思えることにさえ、仏は僕たちに言葉をかけてくれる。人の考え悩むことは、案外千年や二千年では変化しないのだろうか。

「ただ誹《そし》られるだけの人、またただ褒《ほ》められるだけの人は、過去にもいなかったし、未来にもいないであろう、現在にもいない」（『ダンマパダ』―法句経―二二八）

本当にストレートな言葉である。そして非難に対して過敏に反応してしまいそうな時、素直に納得し、ほっとする認識だ。

「戦場の象が、射られた矢にあたっても堪え忍ぶように、われはひとのそしりを忍ぼう。多くの人は実に性質《たち》が悪いからである」（『ダンマパダ』―法句経―三二〇）

僕はこの〝多くの人は実に性質が悪いから〟という部分に妙に納得した。自分に照らしあわせてみると、意見が違う人や、大きな成功を収めた人に対して、「あの人は結局さ」なんて、悔《くや》し紛《まぎ》れについ噂話をしてしまうことがある。そして、多くの人がおそらくそうなのだから、「自分だって、言われることがあるよ」ということは、どこかで納得しなければならないだろう。

「自分」や「他人」そして「チーム」や「組織」。そんな、僕たちにとって日常的な事柄について、仏の教えの力を借りながら考えてみたけれど、結局は「まずは自分の目的を知れ」というのが、大前提になるようだ。

「たとい他人にとっていかに大事であろうとも、(自分ではない)他人の目的のために自分のつとめをすて去ってはならぬ。自分の目的を熟知して、自分のつとめに専念せよ」(『ダンマパダ』—法句経—一六六)

この言葉、ひとつをとっても、〝一生モノ〟の勇気が溢れた貴重な宝物になりえる言葉だと思う。他人の期待にあえて応えず、自分が見えた道を進むことは、なんだか時にたまらなく怖いけれど、「そう言った聖者がかつていた」、その事実は、僕たちを底のほうから励ましてくれることだ。

「結局、仏教をひとことで言うと、なんですか？」

多くのお坊さんは、この質問をされると途方に暮れてしまう（僕だってそうだ）。しかし弘法大師は、そのことに端的に答えている。今から思うと、それは僕が高野山《こうやさん》での修行中にも、繰り返し師から伝えられたことでもあった。「自利《じり》（自ら利を得ること）と利他《りた》（他人を利すること）」の両立である。

「それ釈教は浩汗《こうかん》にして際《きは》なく、涯《かぎり》なし。一言にしてこれを弊《つく》せば、ただ二利にのみあり。常楽の果《か》を期するは自利なり。苦空の因《いん》を済《すく》ふは利他なり。空しく常楽を願へども得ず。徒《いたづら》に抜苦を計れどもまた難し」（弘法大師　空海『請来目録《しょうらいもくろく》』）

【現代語訳　およそ釈尊の教えは途方もなく浩《ひろ》く、限りなくはてしないものです。一言でつくせば、ただ自利・利他の二つの利益にあります。永遠の生命と、そこに生きるよろこびを願い求めるのが自利です。そして人間苦と執着の迷いから救うのが利他です。むなしく自利を願っても、得ることができません。いたずらに利他をはかっても、また容易ではありません】

「個人」であることの重要性を説きながらも、孤立の道だけを進むのではなく、同時に「他者」に飛び込んでいく。個を見つめ、チームを組む。

どちらか片一方を重視するのでなく、表裏一体の両者を同時に重視することは、「それができれば、話は早いよ」と嘲笑《ちょうしょう》されてしまいそうなほど、一般論であり正論かもしれないけれど、僕はその渾身《こんしん》の仏の教えを信じる者でありたいし、強い祈りをたしかに感じるのだ。

「春華《しゅんか》　秋菊《しゅうぎく》　笑って我に向かひ」ノ巻

「時に自然に身をひたす」

生きていることは、ささやかで限定的なもの

もう何カ月も、僧侶としてお葬式に行くことがなかったのだけれど、ここ何日かで、続いて何人ものお葬式を営む機会があった。

最近は、僕の住んでいるような田舎でも、葬儀会館でするお葬式が、ずいぶん増えてきた。でもやはり、自宅でお葬式をすることもあり、その場合はまず、その家の応接間のような場所に通されることが多い。いくつかの家では応接間は、普段、使うことが少ないので、家族の「物置《ものおき》」のような場所になっていて、子どもがまだ小さかった頃のおもちゃや、古いピアノが置かれている。そこに腰をかけて、しばらくじっとしていると、そこにかつてあった「家族の時間」をびっしりと感じる。その中でも、お葬式の前に特に自然に目がいってしまうのが、故人が読んでいた本だ。『改訂　日独辞典』『ケインズが意味するもの』『世界のわらい話』……。今日行なったお葬式でも、彼が読んでいた本のタイトルをゆっくりと追いかけていると、なぜかこれからの〝葬送の儀式〟に心がすっと入っていけるような気がした。

葬儀の場面は、若い坊さんである僕にとって、もっとも緊張する場面のひとつであるけれど、その人の「供養を本気で祈る」という気持ちだけは、譲らず、逸《そ》らすことのないように、

いつまでもしっかり、もっておきたいと思う。

いくつかの葬儀を経験する中で、息子さんのお葬式に母親が出席せざるをえないような儀式も経験することになった。女性は比較的、長生きすることが多いので、すこし早めに息子さんが亡くなると、そういうこともじつは少なくない。生きていると、好きな人にふられたり、仕事で失敗したり、なんとなくつらい気分になったり、いろいろなことがあるけれど、この時のお母さんは、僕が今まで知らなかったような「悲しい」表情と雰囲気をもたれている。

ただただ如来《にょらい》を見るように参列者に頭を下げ、お坊さんに合掌をする。僕は同じように、お母さんに頭を下げ、精一杯拝むのだけれど、「仕方がない」ことが、どうやっても含まれることが、僕たちが「生きる」ということなのか。そういった問いかけをふと自問したりした。弘法大師が生死を語った言葉で印象的なものがある。

「夫《そ》れ生《しやう》は我が願ふに非《あら》ず」(弘法大師　空海『続遍照発揮性霊集補闕鈔《しょくへんじょうほっきしょうりょうしゅうほけつしょう》』巻第八)

【現代語訳　そもそも、われわれは自ら望んでこの世に生まれて来たものではない】

生が自ら望んだものではないとしたら、死もまた自ら望むものではなく、選べるものでもない(たとえ自殺であってもそうだと思う)。ただ、僕たちはその〝死〟のことを繰り返し思い浮かべることはできる。

「大空の中にいても、大海の中にいても、山の中の洞窟に入っても、およそ世界のどこにいても、死の脅威のない場所は無い」（『ダンマパダ』—法句経—一二八）

「寿《いのち》を延ぶる神丹《しんたん》千両を服すと雖《いへど》も、魂《たましひ》を返す奇香《ききやう》百斛《はくこく》尽《ことごと》く燃《た》くとも、何ぞ片時《へんし》を留めむ。誰か三泉《さんせん》を脱《まぬが》れむ」（弘法大師　空海『三教指帰《さんごうしいき》』）

【現代語訳　寿命を延ばす神丹《しんたん》を千両のんでも、また人を生き返らせる不思議な香を百石《こく》すべて焚《た》いても、片時も生命を留めることはできない。だれでもあの世に行かずにいられない】

古いインドの仏の教え、日本に生を受けた弘法大師が声を揃《そろ》える。僕は目を見開いて、胸を前に大きく据《す》えて、その〝死〟が発するものに耳を傾けたいと思った。

最近、なんだか生きていることは、

「出かける前に五分あるから、できることだけ、すこしでもやっておこう」

というような、とてもささやかで限定的なものだと感じることがある。

「同行《どうぎょう》二人《ににん》」

葬送の儀式が続く日々の中で、高野山《こうやさん》大学ソフトテニス部の先輩が、徒歩での四国遍路で栄《えい》福寺《ふくじ》に立ち寄られた。「歩き遍路」で千四百キロの行程をすべて、歩いて廻《まわ》っている。先輩の実家は関東のお寺で、現在、副住職として働いているということだった。

「おーう、シラカワ、久しぶり」

先輩のなつかしい顔を見ると、しばらく話をしたかったけれど、遍路の途中で長時間、足止めをしてもらうのは、申し訳なかったので、

「次の五十八番仙遊寺《せんゆうじ》さんまで、一緒に歩きましょう」

と一緒にしばらく遍路道を歩くことにした。

山を歩きながら、しばらく他愛もない話をした。運動不足になりがちの坊さんに、ぴったりなスポーツのこと、遍路宿での不思議な話、お互いの仕事のこと。仙遊寺さんに到着すると、一緒に本堂の前で『般若心経《はんにゃしんぎょう》』を唱えて、お互い手を挙げて別れた。

「元気でな」

「先輩も元気で」

山頂から瀬戸内海をしばらく眺めた後、また山の道を寺へ戻る。子どもの頃、夢中で遊んだ工事現場の土管があったり、ヘビを見つけたり、お気に入りの樟《くす》の巨木にさわったりしていると、なんだかとても活き活きとしてくると同時に、自分の心がずいぶん、疲れていたことに気づいた。回復してわかるということがたまにある。考えてみると、死の儀式に心を込めた夜は、すっと眠りにつくことが難しいことが何度かあった。多くを語らない木や海、小さな生き物には、生や死と対話するような力があって、そういったものも、お遍路さんを惹《ひ》きつけているのだろう。

「龍王　篤信《とくしん》にして白帳陳《つら》ぬ　山鳥　時に来りて歌ひて一奏し　山猿《さんゑん》　軽く跳《は》ねて伎《き》は倫《りん》に絶す　春華　秋菊　笑つて我に向ひ　暁月《ぎやうげつ》　朝風《ちやうふう》　情塵を洗ふ」（弘法大師　空海『遍照発揮性霊集』巻第一）

【現代語訳　龍神はまごころがあって白い帳《とばり》（雨）をつらねてくれる　山の鳥は時折やって来て歌をうたい　山の猿は軽やかに飛びはね、その技《わざ》は絶品である　春の花、秋の菊は私に向って笑いかけ　明け方の月、朝の風は俗念を洗い去る】

四国や高野山の自然の中で修行を続けた弘法大師を想うとともに、自分が遍路をしている時、宿で一緒のテーブルで食事をした若いお遍路さんの言葉を思い出した。

「母が死んでから、休みのたびに四国を廻っています。今、三周しました。四周目で、おさまる気がしています」

そう言うと彼はやわらかく笑った。

「同行二人《どうぎょうににん》」

四国のお遍路さんは合言葉のようにその言葉を、いつもつぶやく。ひとりで歩いても弘法大師とご一緒だ、そういう意味の言葉である。それは、ひとり、ひとりが胸の中に、「弘法大師なるもの」「ほとけなるもの」「死者なるもの」を大切に抱えている、宇宙をもっている、そういうことなのかもしれない。

坊さんとミュージシャンは、ヒマなほうがいい

住職になって以来、時間的にも精神的にも忙しい日々が続いていた。しかしその中で、今までの人生の中では感じたことのない充実感を覚《おぼ》えていたのも事実だ。しかし、ある音楽雑誌に掲載されていた、自分の好きなミュージシャンが語っていた言葉にハッとした。

「生きることは、ヒマなんだよ」

そう彼は、何度も繰り返し話した。僕は、瞬間的にこの言葉に激しく反応した。

「坊さんもヒマじゃないとだめだ。いや、もっとあらゆる人が、ヒマじゃないと」

これは、単純に余暇をもとうとか、スローライフでいこうとか、そんな話ではないと思ったのだ。実際、このミュージシャンがヒマなはずがない。どちらかというと、激務といっていいスケジュールを送っていることは、誰の目から見ても明らかだった。では何故《なぜ》、彼は「たまらなく、ヒマなんだよ」と挑発するように、扇動《せんどう》するように、僕たちに語りかけるのか。僕は自分の言葉を探してみた。

「求める心だけが、僕たちをヒマにしてくれる」

そういうことじゃないかと思った。

「もっと見たいものが、なにか、ある」「ここにないものが、なにか、ある」「ここにあるものが、僕は、見える時がある」

それを本気でつかみ取ろうとする時、「どうして？」と聞かれたとしたら、僕たちはこう答えるかもしれない。

「だってヒマなんだよ、たまらなく」

現状をたまらなく退屈な時間だととらえた時、もの足りないと自分の胸ぐらをつかんだ時、本当の意味で忙しさに紛れず、前を向いて歩き出せるのだと思った。

「何の笑いがあろうか。何の歓びがあろうか？ ——世間は常に燃え立っているのに——。汝《なんじ》らは暗黒に覆われている。どうして燈明《とうみょう》を求めないのか？」（『ダンマパダ』—法句経—一四六）

僕はその灯明を想像はしても、まだ見たことはない。でも灯明を求めること。求め続けること。それは、ヒマを自らに見出し、突きつけることだ。「やったろうじゃないか」。あいつはアホだと言われ続けても、ステーンと一歩目で転んだとしても、ねじりはちまきを頭に、いつもお調子者であろう。

時に沸きあがってくる、そんなどこか激しい気持ちの中でも、僕たちは、やはり静かな声に耳を澄ませることを忘れてはならない、という声が聞こえてきた。大きいだけの声に惑わされてはならない。なぜか。仏の教えが応えてくれる。

「欠けている足《た》りないものは音を立てるが、満ち足りたものは全く静かである。愚者《ぐしゃ》は半《なか》ば水を盛った水瓶《かめ》のようであり、賢者は水の満ちた湖のようである」（『スッタニパータ』七二一）

声を出し、大きな声で笑ったり泣いたりしながらも、賢者がまるで死者のように静かであることをいつも想像する。それは簡単なことではないだろう。だけど仏の言葉に耳を傾けながら、そういう教えに近い場所にいさせてもらえることを、僕はありがたいと思った。

「言にあらざれば顕《あら》はれず」ノ巻

「言葉にしてみる」

坊さん、京都広告塾の門を叩く

突然だが、広告の学校に行くことにした。しかも四国から京都に週一回、通う。

この話を友だちのお坊さんにすると、

「おまえの向かうところが、わからない」

とあきれた顔をされたけれど、僕なりによく考えた結果だった。宗教と広告は重なりあう部分があると思ったのだ。

僕が通うことに決めたのは「京都広告塾」という学校である。講師陣は、専任の先生がいるわけではなく、コピーライターの糸井重里さん、アートディレクターの佐藤可士和《かしわ》さん、葛西薫《かおる》さん、大貫卓也《おおぬきたくや》さんという超一線級の現場のプロが週替わりで、授業をしてくださる。広告の分野以外にも、リリー・フランキーさんや、日比野克彦《ひびのかつひこ》さん、黒柳徹子さんという人たちが、幅広く「ものづくり」をテーマに話をしてくださるようだった。

この頃、僕は「坊さん」の仕事について根本からもう一度、考えようとしていた時期でもあった。そして何度考えても結局は、「〝仏の教え〟を受け取って、味わって、それを伝える」というひとことに、坊さんの仕事は尽きると思ったのだ。その「伝える」ことには、さまざまな技術があるはず。それならば、本物のプロの話をまずは聞いてみたいと思った。宗教と広告の関係を頭で考える前に、まずは飛び込んでみようと思った。

「本当に宗教的なことは、その人からにじみ出るもので、言葉や物で表現できるものではないよ」

たしかにそれは、ひとつの正論だ。しかし僕は、今、自分がリアルに感じている本当の実感を、言葉にして形にして、発してみたいと思っていた。それが、「坊さん」をやらせてもらっていることに対しての、僕なりの最低限の真摯《しんし》な態度だとも感じた。

「法は本《もと》より言《ごん》なけれども、言にあらざれば顕《あら》はれず。真如《しんにょ》は色《しき》を絶すれども、色を待つてすなはち悟る」（弘法大師　空海『請来目録《しょうらいもくろく》』）

【現代語訳　真理はもとより言葉を離れたものですが、言葉がなくてはその真理をあらわすことができません。絶対真理〔真如〕は現象界の物を越えたものですが、現象界の物を通じてはじめて絶対真理を悟ることができます】

言葉を発し、形ある存在をつくろうとする多くの人に響く言葉であると思う。僕の大好きな言葉だ。そして、曼荼羅《まんだら》などさまざまな象徴で仏の世界を表現し、真言《しんごん》や陀羅尼《だらに》という〝言葉〟に特別で神秘的な意味を見出す密教の一側面をよくあらわしている。

もちろん「広告」のような存在を、「宗教」「仏の教え」と対極的なものとしてとらえることだってできる。広告は基本的に、商品を買ってもらうために、人の欲望を喚起して、たきつけることを目的としているのだから。

「つまらぬ快楽を捨てることによって、広大なる楽しみを見ることができるのであるなら、心ある人は広大な楽しみをのぞんで、つまらぬ快楽を捨てよ」(『ダンマパダ』—法句経—二九〇)

こちらも端的な言葉だ。今つきつけられた快楽が、本当に自分を幸福にするのか。仏の教えは、どこかオルタナティブで、現状に対する疑いの思考を求める教えでもある。「それではないのかもしれない」。仏は〝気づき〟をうながす。

しかし今、僕の個人的な考えを、誤解を恐れずに言うならば、宗教、仏教がもっている「うれしいもの」を僕たちが現代の中で少しでも多く享受《きょうじゅ》しようとすると、仏教の中に「格好いい」だとか「おもしろい」「キレイ」という、ある意味で俗っぽいものをあえて意図的に混ぜ込むことで、本来であったら仏法に出会わなかったはずの人たちに、今までとは違ったルートで、仏法に出会ってもらうことだってあるのかもしれない、と考えている。そして、その新しい「受け手」のひとりは、自分自身でもあるのだ。「あなたがいたから、仏の教えに、すこしだけでも出会えたのかも。そのことが、うれしいよ」。そういう人が、これからすこしでも出てきたとしたら、僕は僧侶として胸を張れるし、他の人には他のやり方だってあるはずだけれど、それが僕のできるスタイルだと思った。

それでも週一回、四国から京都に行くのは躊躇《ちゅうちょ》を感じないはずはなかった。僕は毎週木曜日に、仕事の予定がなければ、休みをもらうようにしている。広告塾は毎週、木曜日の夜に開講されるので、水曜日の深夜にフェリーに乗って、また木曜日の夜に戻ってくれば、時間的には大丈夫だ。「体はもつかな?」。弱気《よわき》になって、そんなことを考え始めると、自分を鼓舞《こぶ》するために部屋の壁に貼っていた糸井重里さんの言葉が目に入った。

「とにかく、はじめることだと思う。とにかくはじめて、失敗したり、認められなかったりして、それでも、どこがいけないか、どこがいいかを探して、次のステップに進む気になれたら、最初よりは、ましになっているわけだしね。向きだの不向きだの考えてる場合じゃない。はじめるこった。恥をかいたり、無視されたりするためにも、まずは、はじめるこった」(『ほぼ日刊イトイ新聞』、ダーリンコラム)

僕は広告塾に行ってみようと思った。

まずは電話をかけて「坊さん」でも参加できるかどうかを聞いてみることにした。

「坊さんなんです。参加してもいいでしょうか？」

「もちろん、大丈夫です。四国から？　私の携帯番号を伝えておくので、困ったらなんでも電話してください」

クラスメイトは、任天堂のデザイナーや雑貨店で働く女の子、学生などさまざまだった。はじめて出た課題は「カフェ全盛の今、あなたがあえて喫茶店を経営することになりました。どんなコンセプトの喫茶店にしますか？」。僕はチラシをマックで作成し、はじめての模擬プレゼンも経験した。

ある著名な坊主頭のＣＭディレクターは授業の中で、

「広告のことを言葉で言おうとすると、坊さんみたいになるんです。〝人の役に立つことを、あらゆる角度から、とことん考え尽くしてください〟それだけなんです。この頭で言うと、本当に坊さんみたいだな！」

と豪快に笑っていたけれど、まさか教室に本物の坊さんがいたとは思わなかっただろう。彼は、「コピーライターもプロデューサーもいる中で、ディレクターってなにするんですか？」という、乱暴だけど率直な質問に対して「時間をディレクションするためにいるんだよ」とシンプルに答えていた。僕ははっとして、ノートに「仏教と時間」と書きつけた。

いくつかの講義では、授業の後、講師の先生と食事会（飲み会）が開催されることもあり、

僕は時間が許すかぎり参加することにした。電通のアートディレクターの方にいろいろと話を聞かせてもらっていると、

「話していると君はけっこう、おもしろそうなのに、なんで、お寺を継いだの？」

と聞かれた。やはり、坊さんは「おもしろくない」ものだと思われているんだ。それにもう一度、気づかせてもらっただけでも、この場所を訪れてよかったと今は思う。

「坊さんも仏教も、ある意味でおもしろいと思うんですよ、とても」

広告塾で具体的になにを学んだか、今の僕には言葉にすることは難しいけれど、いつか意外な場面でここで受けた〝教え〟を活かせそうな想像もしている。


「にくまないのは、楽なのがいい」


自ら望んだとはいえ、さらにバタバタと忙しさを増してきた僕の坊さん生活の中で、お寺でもさまざまな人に会い、ふと感じたことがあった。

本当に多くの人が苦しみや悲しみをもっている。それは、ある意味で当たり前のことである

し、避けられないことでもあるのだけれど、「にくしみ」がその原因になっていることが、本当に多いな、と痛感したのだった。正直に言うと自分に照らしあわせてみてもそうだった。

もちろんその、にくしみから逃れることは難しい。でも、にくしみから苦しみがおこるという「構造」のようなものを、すこしでも知っていたとしたら、〝逃れられる苦しみ〟も少なくはないかも、とふと考えた。「にくまないのは、楽なのがいい」。そんな冗談のような言葉を、真剣な顔でノートに書いて、しばらく眺め、ぷっとひとりですこし笑った。それが難しいのだ。

仏の教えに好きな言葉がある。僕自身、その言葉とは程遠い存在であるし、誰にとっても難しいことにちがいないけれど、なぜか惹《ひ》きつけられる言葉だ。

「怨《うら》みをいだいている人々のあいだにあって怨むこと無く、われらは大いに楽しく生きよう。怨みをもっている人々のあいだにあって怨むこと無く、われらは暮していこう」(『ダンマパダ』―法句経―一九七)

多くの思索と静かな瞑想《めいそう》の果てに「怨むことなく暮らしていこう」と語りかけた釈尊《しゃくそん》の心の風景は、どのようなものなのだろうか。悲しみと苦しみを認めもちながら、この言葉にふと心惹かれる素直な思いは、なんなのだろう。

僕はただ、その感覚を心と体で味わうだけ味わうことにした。

「他人が怒ったのを知って、それについて自《みずか》ら静かにしているならば、自分をも他人をも大きな危険から守ることになる」(『ウダーナヴァルガ』—感興のことば—第二〇章一〇)

なにがあってもにこにこ笑っているような人間には、今の僕は到底なれない。しかし、怒りをもっている人に対して「静かにする」ことで、自分を、そして相手をも助けることができる。そう、仏は言う。その光のような声は美しいと思う。

「にくまないのは、楽なのがいい」。すっと素直に感じたけれど、なかなか実行は難しそうだ。それでも、まず自分の言葉で考えてみると、仏の教えがいつになく、耳元でささやく肉声のように聞こえてきた。まずは、そこから正直にはじめてみたい。

「それ仏法、遥かにあらず、心中にしてすなはち近し。真如《しんにょ》、外《ほか》にあらず、身を棄てて何《いづ》くんか求めん」(弘法大師　空海『般若心経《はんにゃしんぎょう》秘鍵《ひけん》』)

【現代語訳　仏の教え(さとりの世界)は、遥かかなたにあるものではない。われわれの心の中にあって、まことに近いものである。真理は、われわれの外部にあるのではないから、この身体を捨ててどこにそれを求め得よう】

そして、その〝仏の場所〟は、どこか遠くの知らない場所にあるのではなく、ここ、にあるはずだ。そのことを憶《おぼ》えておこうと思う。

VI

これからの宗教を考える

「塵体《じんたい》の不二《ふに》に達し」ノ巻

「その両方を見つめる」

「ととのえる」——人間ってヘンタイ？

春の季節がやってきた。お寺の紅葉の風景が好きなお遍路さんも多いけれど、僕は生命感溢れるこの新緑の季節に愛着が強い。お寺を訪れる参拝者の数も、増えてきた。

お遍路さんの多くは、「納経帳《のうぎょうちょう》」と呼ばれる帳面をお寺に持ってきて、そこに寺の名前と本尊名（たとえば「阿弥陀如来《あみだにょらい》」）を墨と筆で書いてもらい、八十八の各お寺がもつ宝印を押してもらう。これは本来、写経を寺に納めた証《あかし》として書くものだ。

今日もお遍路さんの納経帳に本尊名を書き、朱印《しゅいん》を押す仕事をしていた。団体バスの参拝があった時などは、連続して何十冊にとりかかる。納経帳には朱印や書いたばかりの墨が他のページに色移りしないように、和紙をはさんでいたり、新聞紙をはさんでいたりする。

その新聞紙の中に、「ものすごい形相でヘディングを競うサッカー選手」の写真が掲載されていて、よくあるスポーツ記事ではあるけれど、僕はその写真をしばらく見て、考え込んでしまった。

「人間ってヘンタイじゃないか」

ちなみに僕は一般的な人よりも、スポーツを観戦することも、実際にすることも好きなほうだと思う。しかしその瞬間、自分たちがわざわざ設定したルールで、自分たちが用意した競技場で、時に涙を流したり、激怒したりしながら、応援や競技をすることは、人間を動物の一種として考えると「相当に変」なことだな、と不思議な気持ちになった。

「生存に無関係なこと」で必死になっている。動物の中で「人間固有」の特徴をいくつか挙げようとするならば、そこにはこの「生存に直接無関係なことで必死になる」ということが登場するように思う。これはスポーツばかりでなく、芸術や遊びなどにもいえることだ。

そして、また「宗教」という存在も「人間固有」のものだろう。おそらく他の動物は、ある思想体系を信仰しているとは思えないし、合掌《がっしょう》している牛を僕は見たことがない。

そんな一見、どうでもいいような曖昧《あいまい》な思考を頭に思い浮かべながら、われながら「くだらないことを、延々、考えている気がする……」という気分にもなってきたのだけれど、すこし自分にとっても大切なことが含まれた話であるような気もしたので、考え続けることにした。

僕たちのあらゆる行為を「人間だけがすること」「動物全般がすること」に分けて考えると、いろいろな意味で社会や個人が〝不調〟の時というのは、そのバランスが偏《かたよ》っている時が多いのかもしれない。おそらく「人間固有」に振れすぎても、人間は動物なのでどこか居心地が悪いし、「動物」の成分が強くなりすぎても、人間は動物界の中でかなり固有な存在なので、バランスが悪くなってしまうように思った。

〝宗教を意識する〟、そのことの大切さは、「人間固有の成分をすこし、補充したほうがいいんじゃない？　そうでないと、生きにくいよ」、そういう問いかけでもあると感じた。あるいは、あらゆる意味で〝過剰〟を抱えた人間が動物界、自然界で、快適に生きるための安全装置のようなものにもなりえる気もする。

「水道をつくる人は水をみちびき、矢をつくる人は矢を矯《た》め、大工は木材を矯《た》め、賢者は自己をととのえる」（『ダンマパダ』―法句経―八〇）

僕は、仏典の中に何度か登場する、この「ととのえる」という考え方が、今を生きる僕たちにとっても、とても大事なように感じる。

今、社会の中で聞こえてくる言葉は、「（自己）変革」のような響きのいいものも多いけれど、ほとんどの場合、弱点も多いありあわせの存在（たとえば自分）を、頭を悩ませたり妥協したりしながら、「ととのえる」という視点のほうが、本当は便利で必要なのかもしれない。なにかを獲得したり、どこか目標のような場所に向かおうとする時も、自分は直線的な道をひたすら進んでいるという感覚だけではなくて、バランスを「ととのえる」という作業を同時にしていこう、ということを頭のどこかに携えることは、仏教の話をこえて意味のあることだと思った。

本当の姿を見つめたい

「人間」と「動物」のテーマが話題にのぼったので、仏教の話になると頻繁に登場する「欲望、愛着から遠ざかる」というテーマについても考えてみたい。このことをテーマに話すことは、いつもすごく難しいけれど、仏教のことを、そして生きることを語ろうとするのならば、避けて通れない道だろう。

僕は、お坊さんになってから、

「ねぇ、和尚《おしょう》さん。欲望を否定してしまうと、人間も生物も滅びてしまうよ」

と何度も声をかけられた。

「愛するものと会うな。愛していないものとも会うな。愛するものを見ないのは苦しい。愛しないものを見るのも苦しい」(『ウダーナヴァルガ』―感興のことば―第五章五)

たしかに仏典の言葉はなかなか強烈だ。それればかりでなく、

「世間の憂いと悲しみ、また苦しみはいろいろである。愛するものに由《よ》って、ここにこの一切が存在しているのである。愛するものが存在しないならば、このようなことは決して有《あ》り

得ないであろう」（『ウダーナヴァルガ』――感興のことば――第五章三）

と、さらにインパクトのある言葉もある。これらの言葉をどのように受けとればいいのだろうか？　ストレートにそのまま受けとめることもできる言葉だけれど、いろいろな想像や言葉の裏側を思い浮かべさせてくれる言葉だ。

僕は自分たちの生活の中で、ふたつの見方をもってとらえている。ひとつ目は、「どのような素晴らしい愛情であっても、それが偏った過剰なものとなった時に、わが身をも滅ぼす毒にもなりうる」という視点である。「過剰でない愛など、愛とはいえない」というセンチメンタルだけど、もっともかもしれない意見を全否定するつもりは僕にはないけれど、「愛こそすべて」と唱える人がいてもいいように、「そればっかりじゃ、厳しいかも」と冷静に考え、愛着や執着のセーブを念頭に置く注意深い生活だって、選択自由のはずである。

もうひとつは、「愛するものに由って、ここにこの一切は存在しているのである」の一節が端的にあらわしているように、愛情による差別や区別など、〝分ける〟ことで、僕たちはいろいろなものが存在しているように感じているけれど、「本来、そのような区別は存在しない、ということに気づけよ」というメッセージであるようにも感じる。

僕自身は、今ここに普通に生きる人が「愛するもの」をもって生きることは大切なことだと思う。もしくは逃れられない必然であると。しかし、同時にそれは「私」という強烈なフィルターを通して見た、かりそめの重層的な風景の一枚にすぎないことを、仏の言葉は喚起させる。そして、その「私」という存在さえも、愛情というメガネによって映し出された「仮なるもの」であるのだ、という問いかけを感じる。

「それがもし〝本当のこと〟であったとしても、そこにどんな救いがあるんだよ」

そんな声も聞こえてきそうだ。しかし、シンプルに考えると「本当のこと」「本当のことだと感じること」にはどこか、僕たちをホッとさせるなにかがあるように思う。だからこそ、思想や哲学、宗教そして科学を人間は今にいたるまで、手放さなかったのだろう。

「人間であること」「動物であること」「欲望をもつこと」

一枚の新聞紙から、いろいろなことを考えたけれど、一切の生きとし生けるものが、共通にもつものを感じ、そこから区別のない、ほとばしるような慈《いつく》しむ心を見つけ、見つめることが、仏の教えのベースであることは、間違いない。とても難しいことだけれど、それを「青臭いなぁ。冗談だろ?」と遠くにおいてしまうことは、仏の教えでないことを、僕は憶《おぼ》えていたい。そして、個人にとっても社会にとっても、ある意味で心に解放感を感じさせる〝おもしろい〟行為であるという予感がする。

「塵体《じんたい》の不二《ふに》に達し、滴心《てきしん》の如一《にょいち》を覚《さと》る」（弘法大師　空海『続遍照発揮性霊集補闕鈔《しょくへんじょうほっきしょうりょうしゅうほけつしょう》』巻第八）

【現代語訳　万有宇宙の無数の生けるものはすべて平等であるということをさとり、またすべての生けるものの無数の心は無差別であるとさとりたもう】

「あたかも、母が己《おの》が独《ひと》り子《ご》を命を賭《か》けても護《まも》るように、そのように一切の生きとし生けるものどもに対しても、無量の（慈《いつく》しみの）こころを起すべし」（『スッタニパータ』一四九）

自己が自己であることに身震いするような誇りをもちながら、同時に無記名の「私」を含んだ宇宙の命を無差別に感じ、見つめる。それは「いいことをしましょう」という道徳ではなく、「本当の姿をみつめたい」という祈りのような望みであるように感じる。

そして、これは自分でも整理のついていない問題であるので、うまく言葉にすることができないけれど、その「無差別でもある心」を見つめることは、「僕たちが死を抱えていること」を、底のほうから温めてくれる思想、感覚であると感じることがある。

仏の教えが見ようとした風景はどのようなものなのか、僕にはまだ、わからないことばかりだけれど、そこに僕たちが見てみたい光を感じる。そして、その形にならない思念をすこしずつでももつことができるとしたら、「世界をととのえる」という大切な作業をひとりひとりが、世界の中で担《にな》えることだって、じつはあるのかもしれない。

スケールが大きなことは、今の僕には難しい。「生きとし生けるものへの慈悲」とは、口にすることは容易《たやす》くても、遠い遠い灯台のような存在だ。しかし、それができれば誰かもうれしいし、自分もうれしいだろうな、とは想像できる。

いくつかの小さなことをととのえたり、今、自分の心の水面からすくい出せるささやかな慈悲を日々、貯金するように発揮することだったら、あなたや僕にできることもあるだろう。それが、ちょっと情けないかもしれないけれど、今の僕にとっての仏教だ。

「其《そ》の木を屈《くつ》せずして廈《か》を構《かま》ふ」ノ巻

「染まらないことで、大勢を利することがある」

ダイレクトにつながっているもの

今、栄福寺《えいふくじ》ではいくつかの事業が進んでいる。ひとつは本堂を取り囲む「戸」の総入れ替えだ。全部で十二枚の今まで使っていた木の戸は、約八十年前のものだったけれど、風雨によってかなり朽《く》ちていて、これ以上使い続けることは難しそうだった。事業の話しあいの中で、僕が意外だと思ったのは、お寺にかかわる大半の人が、「予算を考えて、アルミサッシにしよう」という意見を出したことだった。僕は雰囲気を考えて木にしたいと思っていたけれど、今回の事業は、多くの人から寄付をいただいて進める事業でもあったので、「困ったな。どうしようかな」と唸《うな》ってしまった。そこで、とりあえず、アルミサッシでやった場合とヒノキ戸の見積もりをとってみたら、予想に反してヒノキのほうが安かったので、無事、ヒノキで戸を入れ替えることができた。アルミサッシは本堂のような特注サイズだと、けっこう高額になり、ヒノキは、大工さんに安くていい木をもっている人を探してもらった。今考えると、総アルミサッシになった本堂を思い浮かべると、とても残念な気がするので、今後、人と自分の意見が違う時には、もっと「自分の意見を気にして」注意深く進めていきたいと思う。

先ほど、仕事の合間にパラパラと昔の本を読んでいた。昔、といってもそんなに遠い昔ではない。せいぜい十何年ほど前の本である。僕はわりとこういう読書が好きである。しかも、比較的情報が古くなりやすい内容をもった、ビジネス書、時事を扱った本でこういう読み方をすることがある。それは、情報が古くなりやすい分野ほど、おぼろげながら社会の中で結果がすでに出ていることが多いので、著者の方が将来を見据えて、どのようなことを言っていたかを未来の場所から見ることができて、おもしろいからだ。こういう読み方をしていると、「わっ、無茶苦茶、鋭いこと言ってたんだな」ということや、「なんだか今読むと、むなしい……」ということがわりと頻繁にある。

お寺の中でも、平安や鎌倉時代の遺品ではなくても、昭和初期の寄附帳が倉庫から出てきて、「一、大根　一、こんにゃく　一、酒」なんて記載を見つけた時に、自分たちとじかにつながった独特のうれしさがあった。

今日、読んでいた本は、僕の好きな編集者の散文集だった。この本は、日本の景気が今よりもいい時に書かれた本で、その中で彼は、「新雑誌がたくさん創刊されているけれど、広告収入だけでもうかっている雑誌がたくさんある。僕のつくる雑誌は、雑誌の売り上げを中心にしてやっていきます」という意味のことを書いていた。

そして、その頃よりも雑誌の売れなくなった今、彼がつくった雑誌すべてが残っていて、その頃創刊された他の雑誌はほとんどが姿を消している。

住職は、お寺の中で宗教的な活動をするだけではなくて、「代表役員」として組織の運営をしていく立場でもある。お寺を存続させるため、経済的にきちんとまわし、残していくことは、宗教者としての立場と同じぐらい大切な役割かもしれない。僕は、この話は自分なりの「お寺経営」に活かせる話だと思った。

「広告収入」というのは、お寺の中ではあまり関係のない話だけれど、ひとことでいうと、これは「ダイレクトな関係」についての話だと感じたのだ。四国の巡礼は、今、歴史的な流れで見ると、突発的に巡拝者の数が多い時期だと思う。どんな世界でもそうかもしれないけれど、「いい時期」というのは、さまざまな分野の人が集まり、大小の組織や社会が発生するため、なにが自分たちの「軸」であるかが、わかりづらくなってしまう時期でもある。そんな中で、雑誌の中での「読者」と「つくり手」のような「軸」になる〝ダイレクトな関係〟を僕の仕事で考えてみると、それは「寺を訪れるお遍路さん、檀信徒さん」と「坊さんという人、寺という場所」という関係、「仏教に示唆やメッセージを感じる可能性のある人たち」と「坊さんという人、寺という場所」などが、〝ダイレクトな関係〟であることは、すぐにわかる。すぐにわかることだけれど、ついつい、その関係をないがしろにしてしまった時が、「あぶない」のかな、と想像した。

仏の教えの中で、「自己」をすこぶる重要視することについては、何度か紹介してきた。
「実に自己は自分の主《あるじ》である。自己は自分の帰趨《よるべ》である。故に自分をととのえよ。――商人が良い馬を調教するように」(『ダンマパダ』―法句経―三八〇)

このような言葉も、とりようによっては、自己とダイレクトな関係にあるものに細心の注意をはらうべきだ、という釈尊《しゃくそん》の考えのようにも僕には感じられた。自己と一番距離が近く、いつもともに時間を過ごしているのは、自分なのだから、「自分と直接的な関係にある自己をととのえよ」という声をかけてくださっているのかもしれない。そういった意味では、自己だけでなく、つき合う人やまわりの環境などにも気をつけるべきだという釈尊の言葉も、肌をつき合わせた直接的な関係にあるものの重さについての言及のようにも感じる。

仕事においても生活においても、いろいろな分野で今、自分がダイレクトにつながっているものはなんなのか。〝役割〟や〝やってみたいこと〟を考えると、直接関係をもつべき相手は誰なのか。そのことを丁寧に考えることは、とても意味があり役に立ちそうだ。自分やまわりの人を見てみても、思いがけないような場所で仕事をさせてもらったり、会えてよかったな、と思うような出会いは、直接その人に手紙を書いたり、じかに会った場所から始まることが多いように感じている。

自分のえらんだ歌を

お寺の中で仕事をしたり、時間を過ごす中で、自分の心の中に変化がおこったこともあった。時には、「自分のえらんだ歌」を勇気を出して、批判を前にしても声を出すべき場面だって大いにあるんだな、ということだ。

僕は住職に就任以来、「たくさんの人がもつ共通の感覚の中で、多くの人が共感できる仕事をしていきたい」という思いが強かった。その思いは、もちろん今でも強くもっている。しかしお寺の中で、

「これは、たくさんの人がもっている意見らしいけれど、どこか、おかしい……」

ということを何度か経験した。そして、自分のやり方でやった時に聞こえてくる、小さな批判の声に耳を奪われすぎて、「気に入らないのだったら、やめておきます。お寺は僕だけの場所ではないですから」と自分を引っ込めることが、すこしずつ多くなってきた。

それは、僕の考える「坊さん」の姿ではないと思ったのだ。僕が尊敬する僧侶が、『理趣経《りしゆきよう》』というお経の中からある一節を引いて、「理想の坊さんの姿」を話してくれたことがあった。それは、「不染《ふぜん》にして群生《ぐんじよう》を利す」という言葉だ。その場所の雰囲気に安易に染まらないこと

で、逆にその人たちを含めた、たくさんの人を〝利する〟ことだってある。忘れかけていた感覚だった。

にこにこ笑いながら、人の意見に耳を傾けるだけでなく、当然、もっているはずの「自分ならどうするのか」「どんな声を発するのか」、そのことを意識していたい。相手の意見を採用する機会だって、大勢の人がかかわる僕のような仕事では、当然多くなるけれど、少なくとも「自分ならこう歌う」ということを常に考えることを自分の中で〝クセ〟にしようと思う。

だが仏の教えは前に触れたように、大きな声をあげて「論争」することを好まない。やはり、弘法大師も静かに沈黙することをすすめるのだ。意見の違う人に対して、言葉を尽くして説明することは、僕自身これから何度もあるだろうけれど、同時に、釈尊や空海が「黙《もく》」というものに込めた真意に、思いを巡らすものでありたい。

「方円《ほうえん》の人法《にんぽふ》は黙するに如《し》かず」

【現代語訳　四角になったり円《まる》くなったりする人間のあり方に対しては黙している方がよい】（弘法大師　空海『遍照発揮性霊集《へんじょうほっきしょうりょうしゅう》』巻第一）

仏の教えは、もしかしたら、「すべてを言おうとした」教えではないのかもしれない。わからないものはある。そのことを、説明することはできないし、するべきでもない。だから、対論するのでなく、黙するのだろうか。僕にはまだよくわからない部分だ。しかし沈黙の示唆する場所は広大であることを直感する。沈黙のもつ饒舌《じょうぜつ》さを仏は語りかける。

「自分の声を発しながら、論争には沈黙する」とともに、大事にしたいことがあった。それは、「やりたいこと」と「できること」の多くは一致しないんだな、ということだった。自分のするべきこと、坊さんとしてとりくみたいことなどをノートに書き始めると本当にスラスラと書ける。しかし、「あー、自分にはできないんだな」と現実の実行の場面で、実感せざるをえない場面がずいぶんあった。これは、いろいろな分野の多くの人にとってそうであると思う。「できるといいな」と考えることの中で、「自分のできること」というのは、ほんのすこしであると思うし、だからこそ、「これだったら、自分にできるかもしれない」ということを、大事に丁寧に見つめたい。

弘法大師が残した書物に触れていて驚くのは、時に天皇からの辞令などを手紙で断っていることである。もちろん、個人的にも親しく信頼関係があったからこそ、なのだろうけれど、当時の天皇の権威を考えると、「すごいな、勇気あるな！」と素朴にびっくりしてしまった。

「空海聞く、良工の材を用ふる、其《そ》の木を屈せずして廈《か》を構ふ。聖君の人を使ふ、其の性《せい》を奪はずして所を得しむ。是《こ》の故に曲直《きよくちよく》用に中《あた》つて損ずること無く、賢愚器《うつはもの》に随《したが》つて績《しょく》有

り」(弘法大師　空海『遍照発揮性霊集』巻第四)
【現代語訳　私、空海が聞くところによれば、良き工人が材木を用いるにあたっては、木の曲直にしたがい、無理することなく大きな家を造りあげるという。(これと同じく、)聖君が人を使うにあたっても、その人の性質を奪うことなく、その人に合ったところを得させるものである。だからこそ、曲も直も、使用するにあたって損ずることなく、賢も愚も、その人の器《うつわ》次第で功績をあげるのである】

これは弘法大師が、「小僧都《しょうそうず》」という責任ある僧侶の立場を天皇から任命された時に、その要請を断りたい旨《むね》を記した手紙の中で出てくる言葉だ。その中で弘法大師は、自分は山林を家としてきたので、世の俗事に経験がなく、不適任である。だから、どうか、その任を解いていただきたいと丁重《ていちょう》だけどきっぱり伝えている。

弘法大師のような人物であっても、いや、そのような人であるからこそ、「自分に何ができるか」「どこへ向かいたいか」に敏感であったにちがいない。振り返って自分のことを見てみると、僕のようなものには、できないことがとんでもなく多く、できることは本当にわずかなはずだと、あらためてこの言葉から痛感せざるをえなかった。そしてそれは、とても大切な感覚だと思う。

「自分の声を発する」「論争に沈黙する」「自分のできる、わずかなことを知る」

いろいろな感覚をお寺の仕事の中で、また仏の教えに耳を傾ける中で、自分なりに感じてきたけれど、どんなことをやっても、どんな立場でも、さまざまな声が、いい意味でも悪い意味でも無数にかかってくるものだ。そのような時、人間は強くないのだな、と実感することが多い。はっきりいって僕はすごくその声が気になる。励みになることもあるし、それによって沈痛な気持ちを一日ずっともち続けることもある。でも、今の自分の結論としては、どんなテーマでも、両極端の意見を発する人は必ず存在するものなので、「こまったら自分に聞け」という、その言葉を呪文のように発しながら、自らの正直な声をまずは求めるようにしたい。

「かれは、みずから勝ち、他にうち勝たれることがない。他人から伝え聞いたのではなくて、みずから証する理法を見た。それ故に、かの師（ブッダ）の教えに従って、怠ることなく、つねに礼拝して、従い学べ」（『スッタニパータ』九三四）

仏の教えは、裸のこころが「本当に感じたこと」を求めているようだ。僕はその自らが発する声を聴いてみたい。それは他を拒否するためではなく、むしろ誰かと、なにかと、もっとつながろうとするためには、最低限必要でかつ最高の方法のようにも感じる。

「岐《ちまた》に臨《のぞ》んで、いくたびか泣く」ノ巻

「不完全な今のままで歌う」

仏の教えのプレイヤー

インドに行ってきた。

インドといっても、釈尊《しゃくそん》の仏跡《ぶっせき》参拝の地として著名なブッダガヤやクシナガラではなく、ヒマラヤ山脈の南、インド西北の「ラダック」という地域だ。高山病に注意が必要なほど標高の高い場所にあり、夏場でも夜は五度ぐらいまで温度が下がった。

国土としてはインドに含まれるけれど、チベット仏教の文化圏なので、人やお寺の雰囲気はチベットにとても近しい。堂々とダライ・ラマ法王の写真が堂内に掲げられているという点では、チベット本土よりもチベットらしい部分もあるだろう、と話す人もいる。そこで、チベット仏教の聖地を訪れ、寺院を参拝してきた。

日本にいると、仏教やお寺は「古き日本の伝統」という目線で見られることが多いし、僕のような「坊さん」であっても、そういう視点で考えることも少なくはないけれど、世界の多くの地域で、たくさんの人が仏の教えに大切ななにかを感じ取ってきたという歴史や、生の現場に触れて、多くのことを感じた。

僕の乗ったタクシーには、さまざまな高僧の「ブロマイド」のような写真が、車内のいたるところに貼り巡らされていて、まるでお気に入りの俳優やアイドルのように大事にされていた。そして、まだ若い運転手の人は僕を連れてお寺に行くと決まって、自分も五体投地《ごたいとうち》の礼拝を繰り返し、ポケットの中から、くしゃくしゃの紙幣を僧侶に布施《ふせ》していた。

お寺のお堂の壁画には、極彩色の生命感溢れ躍動する密教の仏たちが描かれている。わび、さびとはまったく違う、燃え上がるような過剰でエネルギッシュな世界が自分の心の中にもしっかりと存在することを見つめ、人が生きるということ、宗教をもつということの熱風を胸にしまった。

そんな旅の中で、また旅を終えて、「自分はどんな坊さんになるべきなのか、なれるのか、なりたいのか」ということを再び考えていた。ここは、遠くラダックとも平安時代の日本とも違う現代の日本で、そのことは自分の頭でも考えなければならない。あまり理想を考えすぎても意味がないけれど、考えなければわからないことも僕にとってはずいぶんある。

そこで僕のイメージした〝坊さん像〟は、「プレイヤー」のような坊さんだった。

これから、コツコツと仏教の勉強を続けていくことはあまりに大事なことで、実際そうしようと思っているけれど、僕には専門的な仏教学研究者になれるような忍耐強さや頭の切れはなく、また不思議な力で悪霊を退治したり、幸運を呼び寄せる力を発揮する有能な祈禱者《きとうしゃ》のようなタイプのお坊さんでもあきらかにない。

「僕になにができるだろう？」

と、じっくりと考えた時、今の宗教や仏教の中で「足りない」部分が見えるような気がした。もちろん「自戒を込めて」そう思うのだけれど。

それは「自分を組上《そじょう》（まな板の上）に載せて考える」ということだった。「仏教においては〜」と客観的な立場で〝解説〟する場所で止まってしまうのではなく、

「自分は仏教をヒントにして、こんなふうな生活を送ろうとしているんだ」

「自分に照らしあわせて、これは難しいと思った。だから、こんな方法を試している」

そういう「仏の教えのプレイヤー」のような「坊さん」を僕は胸において、これからのことをやってみようと考えた。学者でも祈禱者でもない「坊さん」オリジナルの役割を考えてみると、この「プレイヤー」であったり、その先にある「プレイヤーであることのアドバイザー」という役目は、時代をこえて普遍的な僧侶の姿であると思う。

「仏の教えやそれに対する自分自身の解釈の〝プレイヤー〟が坊さんである」

それは、見栄《みば》えがよくて歯切れもよくても、実際には怖い言葉だ。「おまえは、どうなんだよ」と言われた時に、「僕はこうしている。こう考えている」と伝える準備や態度が常に試される。あるいは「じつは、それはまだ自分でもわからない部分なんだ」と正直に伝える勇気。

「多く説くからとて、そのゆえにかれが賢者なのではない。こころおだやかに、怨《うら》むことなく、恐れることのない人、――かれこそ〈賢者〉と呼ばれる」（『ダンマパダ』―法句経―二五八）

仏の教えはやはり「現実」をうながす。〝知っている〟ことよりも、そのことの〝実行〟を喚起する仏の声、それはまさに「プレイヤー」のようだと僕は思った。怖くても、そのことから目を逸《そ》らすことはできないようだ。

弘法大師が、病人における「病理学」と「薬」の比喩を用いて陀羅尼《だらに》の秘法の功徳《くどく》を語るこんな言葉をヒントにしても、〝プレイヤー〟のことを考えられる。

「若《も》し病人に対《むか》って方経《はうけい》を披《ひら》き談ずとも痾《やまひ》を療するに由《よし》無し。必ず須《すべか》らく病に当《あた》って薬を合はせ、方に依《よ》って服食すべし。乃《すなは》ち病患を消除し、性命《せいめい》を保持することを得ん。（弘法大師空海『続遍照《しょくへんじょう》発揮《ほっき》性霊《しょうりょう》集《しゅう》補闕鈔《ほけつしょう》』巻第九）

【現代語訳　もし病人に向かって、病理学や薬学の本をいくら読んで聞かせても、体内の奥深くにある病源を根治することはできません。必ずや病いに応じて薬を調合し、処方箋どおりに服用させるべきであって、このようにして初めて病気が消え去り、生命を保ちながらえることができるわけであります】

目の前のことを動かすためには現実を把握するよりも、「実行すること」つまり〝やってみる〟ことが有効な場合がある。「現実の中でこそ仏の教えを用いるんだ」。そんな弘法大師の声が聞こえてくるようだと思った。

この自己をまな板に載せて「プレイヤー」であることを意識することは、「坊さん」や「仏教」の話をこえて、普段の生活や生き方を考えるうえでも、参考になるように思う。なぜなら「プレイヤー的思考」の逆、つまり自分をまな板からはずして、分析や評論めいたことを語ることが、僕たちのまわりで増えている気がするのだ。痛いことに、これもまた自分を含めてそうである。おそらく、そこに「どうすればいいんだろう、実際」「オレもできないんだけどさ」という気軽な視点が加わるだけでも、ずいぶん、ほぐれる部分があるように思う。それにプレイヤーであることは、本質的に〝楽しいこと〟がたくさん含まれるのではないだろうか。そうであるならば、そちらのほうへ向かいたい。なにもすべてに対して「プロフェッショナル」である必要なんて、ちっともないのだから。まずは、へたなプレイヤーであったとしても、僕はプレイヤーでありたい。

しかし、ここに気になる点もある。プレイヤーであることを試みると、機会が増える分だけ、エラーやミスをすることが、当然だけど増えるのだ。なにかを決定したり、ぶつかってみると、「失敗」も「わからない」ことも次々と発生する。「それを含めて楽しい」とばかりはいえないのが、多くの現実であり、思わず尻込みしてしまう場面も多い。そんな時に、僕は弘法大師の若き慟哭《どうこく》の言葉を思い浮かべたい。

「弟子空海、性熏我《しやうくんわれ》を勧《すす》めて、源《みなもと》に還《かへ》るを思《おもひ》と為《な》す。径路未《いま》だ知らず。岐《ちまた》に臨んで、幾たびか泣《きふ》す」(弘法大師　空海『遍照発揮性霊集』巻第七)

【現代語訳　仏弟子たるわたくし空海は、仏にならんとする心をはげまし、すべての根源である仏の境地にたどりつこうと願っているが、たどるべき道を知らず、あまたの道のいずれを択《えら》ぶかに迷い、いくたびとなく涙にくれた】

弘法大師は泣いていた。その姿が生々しく鮮明に映し出される。悲しいことがある。わからないことがある。それは、どこまでも当たり前のことだ。しかしだからといって、どこかへ向かうことをやめてしまうことは、すこし、もったいないかもしれない。

僕自身、これからいろいろな場面で怖《お》じ気づくことだって、何度もあるだろうけれど、こんな言葉に勇気をいただきながら、時には、足を前に向かって進め、「プレイヤー」であることを意識し、楽しみたい。

途中提出する

そんなことを考えていた日々の中で、車のCDプレイヤーが故障した(縁起が悪い)。考えてみるとそれははじめての経験だった。

車を運転する時には、たいてい音楽を聴いていたので、しんとした車内に、なんだか違和感がある。僕は、特に詳しいジャンルがあったり、オーディオに固執するような音楽マニアでは、まったくないけれど、心底「歌」や「音楽」がもたらしてくれる〝なにか〟のことが本当に好きなのだな、とあらためて感じることになった。

そしてその「歌」や「音楽」を聴き続けることで自然に学んだことも、いくつかあるように思う。その大きなひとつは「途中提出することの大切さ」だ。

ある日の移動の車中で、僕は自分の好きなミュージシャンのアルバムを聴いていた。それは彼の最新アルバムではなく、何年も前に発表された作品である。今の彼の作品は、あたたかみがあって、開放的な雰囲気があるのだけれど、その時期の彼は、いくぶん荒々しくて、怒りに満ちていて、扇動的だ。しかし、僕は〝今〟その彼の作品を聴いて、心の底から興奮したし、その声や響きが〝今〟の僕に届けられたことを、切実にありがたいと思った。そしてまた「途中提出すること」の大切さを思った。

「いや、私なんていつも途中提出ばかりだよ」
と、あなたは言うかもしれないけれど、本当にそうだろうか？

僕たちは、どこかで完璧主義者を気どって、「まだまだ」の自分に躊躇《ちゅうちょ》して、途中提出を拒むことが、本当はよくある。少なくとも、僕はそうだ。

でも、〝今の自分〟にはもう二度と会えないし、溜めるよりも今、発したく誰かに届けたい声が、生活の中で、自分の関わる役割の中であるんじゃないか、ということをいつも想像していたい。たぶん、いつか、はもう来ないかもしれないということを。

「若い時に、財を獲《と》ることなく、清らかな行ないをまもらないならば、魚のいなくなった池にいる白鷺《しらさぎ》のように、痩せて滅びてしまう」(『ダンマパダ』―法句経―一五五)

多くの比喩を感じながら、さまざまな想像をすることが可能な教えだ。「若い人」にかぎらず、「その時だからできること」というのが、誰にとってもあるように思う。「今は待つ時期だ」。そういう心の持ち方が大切な時期だって、とても多いだろうけれど、今、「途中でもいいから、提出できることってないかな、すこしだったらあるんじゃないか」というような想いを巡らすことを大切にしたい。

僕のかかわっている「宗教」は、時に完璧無垢《むく》な触れられない存在のようにも思える。しかし宗教は驚くほどその時代や地域、人によって〝変化〟していく。ということは、ある意味で、現実に生きるたくさんの人々が「途中提出」していったことの蓄積とも見ることができる。そのようにして残された大切な法を聞きながら、同時進行で自分も途中提出しようとすることも真摯《しんし》な態度であると感じた。

「歌」「音楽」というものに、僕たちがあこがれ続け、惹《ひ》かれてしまうのは、心や体、世界は明確な論理、システムをもちながらも、同時に曖昧《あいまい》で不可思議な存在であることを、どこかで共鳴し呼応して確認していたいという思いがあるからだろうか。

「龍猛菩薩の説かく、〝一法界心は百非にあらず、千是に背《そむ》けり。中にあらず、中にあらざれば、天を背けり〟」（弘法大師　空海『秘蔵宝鑰《ひぞうほうやく》』）

【現代語訳　龍猛菩薩は説く。〝唯一の真理の世界の心はあらゆる否定をもってしても否定しえず、あらゆる肯定をもってしても肯定することはできない。肯定と否定との中間もない。中間もないから、二律背反《にりつはいはん》する〟】

今の僕には、この言葉のすべてを伝えることはできないけれど、思慮《しりょ》の及ばない広大な場所のことを、歌はいつも想像させてくれる。

自分の能力や才能の非力さを感じ、存在のちっぽけさを思いながらも、ふと声を出して、歌をうたいたくなることがある。その歌は、誰にも聞こえなくていいんだと笑いながら、誰かに届くといいなとそっと思う。

「一切の賢聖・一切の凡夫《ぼんぷ》に各《おのおの》分覚あり。しかも未《いま》だ究竟《くきやう》せず」（弘法大師　空海『大日経《だいにちきよう》開題《かいだい》』）

【現代語訳　すべての賢者・聖者も、すべての普通の人間も、それぞれ部分的な覚《さと》りがあり、しかもまだこれを究極のものとしない】

僕はこの言葉が本当に大切な意味を含んでいるように考える。その人が、その人であるだけで、届けることのできる歌がある。そして、誰にとってもわからないことがある。

釈尊が入滅した後、残された弟子たちは、自分たちが受けた教えの記憶を持ち寄って、合議しながら何度も経典の編集を続けた。そのことを「結集《けつじゆう》」といい、その原語は「ともに歌うこと」という意味である。

あなたや僕は、自分や誰かにどんな歌を聴かせたいのだろう。「あなた」という存在は、その体や心でどんな音楽を聴くのだろう。

仏の教えが、そんな問いかけを僕たちにしてくれるようだった。

歌をうたおう。

「痛狂は酔はざるを笑ひ」ノ巻

「同じものを見つめ、違うものを見つける」

手を振る人たちとグラマンの世代

今、京都の広告塾に通ったり、仏教の講義や伝授を受けている関係で、京都行きの電車に乗る機会がいつもより多い。窓の外をぼんやり見ていて気づいたのは、意外にも多くの人が、電車に向かって大きく手を振っていることだった。大人に手を引かれた子どもたち。杖《つえ》をついた年老いた人。白い日傘《ひがさ》を差した女性が、ひとりでたたずみ、ゆったりと手を振っていたこともあった。

僕はその人たちを、思わずじっと眺めてしまう。だけど、こちらから手を振り返すことはない。そういう人は、電車の中にはひとりもいない。考えてみると不思議な話だな、とも思ったけれど、「見てくれている人」がいないと、人は手を振りにくいのかもしれない。それがたとえ、想像の世界であったとしても。

高野山《こうやさん》大学で同級生だった女の子のお父さんが亡くなったという連絡があった。実家はお寺で、亡くなったお父さんは住職だった。ちょうど同じ時期に、僕の祖父も同じ病気（ガン）になったので、電話で治療法や日々のことを話すと僕はふと心がなごむことが多かった。「アガリクスってどうなの」「わからんよ」。

そのお寺は長女であるその女の子が、住職を引き継ぐことになった。亡くなってしまったお父さんは、まだ本当に若い娘さんを残して、お寺を後にすることが、心配で悔《くや》しくてたまらないかもしれないけれど、亡くなった人たちがびっくりするぐらい、〝坊さん〟を楽しもう。そして、お父さんはそれを誰よりも近い場所で、みてくれているから、と僕は伝えた。今日は法《ほう》衣《え》ではなくジーパンにTシャツのままで、遠くに向けて合掌をした。


四国に戻って、八十歳をこえた祖母と、とりとめもなく話をしていたら、「グラマンに追いかけられた」話題になった。戦争中、大阪にいた祖母が街を歩いていたら、「グラマン」と呼ばれる軍用機が地上に急接近してきた。そして機銃掃射をはじめた。思わず地面に這《は》いつくばって、飛行機のほうを見上げる。

「その時に操縦士のゴーグルが、はっきり見えたのを鮮明に憶《おぼ》えてるわ」

そんな時代が「祖母たちの時代」だったのか、とあらためて驚いた。いきなり「グラマンに追いかけられる時代」。同時に、祖母が時々見せる「なにがあっても肝《きも》が据《す》わっている感じ」は、こういう経験も関係しているのかと想像した。

そして、僕はお寺の仕事の中でも、この「かなり上の世代」の方とかかわって仕事をする機会が多いのだけれど、その人たちがもっている特有の〝強さ〟や〝弱さ〟をしっかりと見て付き合っていかないと、なかなかスムーズに話が進まないことも多いだろうなと思う。高齢の世代の人たちの多くは、僕からみると、「力があるもの」(組織的な権力など)を極端に恐れたり、嫌ったり、時にとても重視することが多いな、とよく感じていて、そのアンバランスさに対して違和感を感じることも多かったけれど、たとえば「グラマン」に追いかけられたりすると、どう考えてもその人の価値観は大きく変わらざるをえない。むしろ若い僕の側から「大丈夫だと思うんですよ、たぶん」と声をかけさせていただく場面だって、これから大事になってくるのかもしれない。

これは「戦争」や「世代」に限定した話ではなく、「自分」という立場から見れば「相手」や「他人」というのは、「その人なりのとても特殊な環境なり、境遇」を経て今にいたる、という考えてみれば当たり前の想像が、すこぶる大事になってくると思う。「だから、コミュニケーションを諦《あきら》める」のではなく、相手が自分とは違うタイプのものを抱えているという〝特殊性〟にも時々、目を向ける。これは、「近くの存在」に対しても、「遠くの存在」に対しても大事だと思うけれど、時々、僕は忘れてしまうことだ。

「痛狂は酔はざるを笑ひ、酷睡は覚者を嘲《あざ》ける」(弘法大師　空海『般若心経《はんにゃしんぎょう》秘鍵《ひけん》』)

【現代語訳　酔いに狂った人は、酔っていない人を笑い、いぎたなく眠る人は、さわやかに

めざめる人を嘲るものだ】

自分自身を考えても、どうしても「自分」という立場からあらゆることを見てしまい、おそらく意識的にも無意識でも自己を護《まも》るために、自分の立場と違うものは変だ、おかしい、と思いこみ、またそれを口にする。相手を批判したり、同じ道を行かないことだって、もちろんたくさんあるけれど、相手に対して怒りや違和感を感じた時に、じっくりと一度立ち止まって考えることも、ひとつの仏の教えのように感じられた。

「夫《そ》れ教《けう》は衆色《しゆしき》に冥《かな》ひ、法は一心に韞《つつ》めり」（弘法大師　空海『続遍照発揮性霊集補闕鈔《しょくへんじょうほっきしょうりょうしゅうほけつしょう》』巻第九）

【現代語訳　仏の教えは本来は一つであるが、衆生《しゆじよう》の素質に応じて色を殊《こと》にするものであり、真理は衆生の心の中にある】

人は、それぞれに違う。だから「自分が自分であること」と同じように「その人がその人であること」「他者が他者であること」にも目を向けて、じっくりと時間をかけて、伝える作戦を練って、考えるのが得策のように思うのだ。

しかし仏の教えの中には、「私」と「他者」を分けてしまう〝執着〟から自由になり楽しみを得よう、という呼びかけもあったはずだ。

「人々は自我観念にたより、また他人という観念にとらわれている。このことわりを或る人々は知らない。実にかれらはそれを（身に刺さった）矢であるとは見なさない」（『ウダーナヴァルガ』―感興のことば―第二七章七）

これは、僕の感じている仏の教えの中でも本当に重要な部分である。

だが、何度か紹介したように、おのおのが大切に抱える「自己なるもの」の愛《いと》しさについて、その現実にも目を向ける。

「どの方向に心でさがし求めてみても、自分よりもさらに愛《いと》しいものをどこにも見出さなかった。そのように、他人にとってもそれぞれの自己が愛《いと》しいのである。それ故に、自分のために他人を害してはならない」（『ウダーナヴァルガ』―感興のことば―第五章一八）

「私が私である愛しさとかなしみ」

仏の教えの究極の目的地とは、まだまだ遠く離れた地点だろうけれど、今の僕は、まずはその〝両方〟を〝同時〟に目一杯味わうことを、自分の地図《マップ》にしたいと思う。身体の底から出てこない言葉で、「自我という囚《とら》われを捨てるんですよ」と自信なさげに口にする前に、素《す》の心が切実に感じているそのことを、自分自身に正直に語ってみたい。それでこそ、始まることがあるように思う。


今までは、「仏の教え」の〝内容〟というよりは、その香りを想像したり予感してほしいという思いがあって「言葉」を中心に紹介してきたけれど「五智《ごち》」という密教思想の智慧《ちえ》がある。それは、唯識説の大円鏡智《だいえんきょうち》、平等性智《びょうどうしょうち》、妙観察智《みょうかんざつち》、成所作智《じょうしょさち》の四智に法界体性智《ほうかいたいしょうち》を加えたものである。その五つの智慧の中でも特に僕は、「平等性智」と「妙観察智」のことを思い浮かべることが多い。平等性智は、すべての存在がもっている〝共通性〟を知る智慧であり、妙観作智はその平等性の中でもおのおのの違い、特異点を見つける智慧である。仏の智慧の中でも、「同じものを見つめ、しかも違いを探す」という同時進行の動きがしっかりあるように感じている。

残る大円鏡智は、あらゆるものを鏡のようにありのままに見る智慧であるが、平等性智と妙観察智の智慧は、その方法論としても有効になるのではないだろうか。そして成所作智は、すべての存在のために〝行動〟し〝完成〟させる智慧で、法界体性智は、この宇宙、法界のすべてには妙《たえ》なる「大日如来」という原理が遍満《へんまん》していてつながっていることを覚る最高智だ。

この五智の思想は、専門用語だけで聞くと、なにやら難しそうだけれど、なんとか自分の言葉にして「ありのままものごとを観るためには、あらゆるものが共通してもつものを感じ、その中でもお互いの違いをはっきりさせ、それを知ったうえで、自分や他を利益《りやく》するために行動を開始する。この宇宙の命はお互いが意味深く関係しあい、つながった存在なのだから」というふうに理解をすると、僕にとってはしっくりと頷《うなず》けるし、胸の中に常にとどめておきたい大切な感覚になると思った。そして日常生活の中で、また人生の繊細な場面で役に立つ「世界の眺め方」になれたとしたら、それはとても素敵な出来事のように想像する。

Ⅶ

生と死

「我が心広にしてまた大なり」ノ巻

「〝こころ〟しかもつことができないこと」

瀬戸大橋をわたる電車の中で

京都から四国へ戻る電車やフェリーの中でも、時間はたっぷりあった。

もしかしたら「旅」の意味の多くは、その目的地ではなく、途中の道端《みちばた》にあるのかもしれない。その静かなひとりの時間の中で僕が考えることは、住職に就任以来、たくさんの死者を送る儀式に参加したからだろうか、人にとっての「生きること、死ぬということ」であることも多かった。「死ぬ」ということはどういうことなのか、そこから見えてくるはずの「生きる」ということは。答えめいた結論は、僕の中にはなかったけれど、自然と繰り返し思いを巡らしてしまう。それは嫌いな時間ではなかった。

一度、自分の好きな作家が雑誌の「人生相談」のような特集に登場して、記憶なので正確な引用ではないけれど、こんな内容の質疑応答をしていた。

「どうしても生と死の問題を、考え続けてしまいます。苦しいです。どうすればいいでしょうか？」

「そういうことは、人がギリシャ時代から考え続けても答えがないのです。つまり考えても無駄ということです。おいしいものを食べて、よく眠ってください」

僕は思わず噴き出してしまい、手を叩いて笑ってしまった。もしかしたら、ひとつの真実といえるかもしれない。

しかし、その思想に異論を唱えるつもりはないけれど、〝そういうこと〟を考えたいのであれば、「考える」自由は誰にとってもあると思う。そして僕は、そのことを考えていたい。

そんな曖昧《あいまい》な思いを抱きながら、僕を乗せて走る電車は海岸線に行き当たり、海のブルーをその車体に映し出した。その時、ある自分なりの「気づき」のようなものが、僕の胸に飛び込み、馴染《なじ》んできた。

「全部、〝こころ〟なのかもしれない」

その感覚は、よく耳にするような「みなさん、これからは、お金でも体でもありません。心の時代なのです（満面の笑み）」というような話とは対極にある、感情の洪水を全身で感じるようなものだった。

つまり僕たちのもつ欲求や、目的、そういうすべてを突き動かすなにかが、「どんな心が欲しいのか？」というひとつの問いかけに集約できると思ったのだ。たとえば「お金が欲しいな」と感じた時、僕たちはなにを求めているのだろうか？　それは、「お金を持っている、ということを感じているわたしの〝こころ〟」

を欲しがっているのではないだろうか。

「いや、全然ちがう。私はヴィトンの大きいバッグという〝物〟が欲しいから、お金が欲しいの。心じゃないよ」

とあなたは言うかもしれないけれど、それも「ヴィトンの大きなバッグがもたらしてくれる、私のこころ」が欲しいはずなのだ。僕は同じような問答を電車の中で一時間ぐらい繰り返してみたのだけれど、欲しいのはいつも、〝こころ〟だけだった。「なんだか体を動かしたいな」という時も「体を動かした時の充足感や快感という〝こころ〟」が欲しいと思うし、「あなたが好きなんです」という思いでさえも「あなたといる時、あなたを考えた時に、私の感じる、私の〝こころ〟が好きなんです」ということだ。あまりロマンチックな話ではないけれど。

逆に「嫌だな」という時でも、「嫌だと感じる〝こころ〟をもつことがイヤ」なのだ。なんだか、僕はそんなふうに考えることが、たまらなくおもしろく感じ始めていた。「歯医者に行きたくない」と思うのは「痛いと感じる私の〝こころ〟をもつこと」を嫌がっているわけだし、「あなた、行かないで！」というのも、行ってしまった後に感じる自分のこころをもつことが嫌なのだ。

「だから、なんだっていうんだよ！」

と怒られてしまいそうだけれど、これは僕にとってはすごく興味深い話だった。

僕たちは「生きる」という人生の中でいろいろなものをもったり、経験したりできると思っているけれど、「僕たちは〝こころ〟しか、もつことができない。そして、その心を味わうだけが生きるということ」、そんなふうに言うことはできないだろうか。個人的には、言えると思った。

そして生きるということは、そんなにもシンプルなことなのだろうか。ただここに、こころがあることが、僕たちが生きるということなんて。

宗教もその〝こころ〟のことを大きなテーマにしてきたにちがいない。「僕たちはどんな心をもちたいのか」「それは、どんな方法をとれば、どれぐらい保存可能なのか」。そんなことを繰り返し問い続けてきた。〝こころ〟は、仏の教えにとっても無限に広大な話題だった。

「『経』にいはく、〝云何《いかん》が菩提《ぼだい》とならば、いはく、実の如く自心を知るなり〟と。これ、この一句に無量の義を含めり。竪《しゅ》には十重の浅深を顕《あら》はし、横《わう》には塵数《ぢんじゅ》の広多を示す」(弘法大師　空海『秘密曼荼羅《ひみつまんだら》十住心論《じゅうじゅうしんろん》』)

【現代語訳　『大日経』に、〝菩提《さとり》とは何かというならば、ありのままに自らの心を知ることである〟。とあるが、まさにこの一句に量り知れない意味を含んでいる。竪《たて》には十の重なりをもつところの意味の浅さ深さを顕《あら》わし、横には塵《ちり》のように多数の広くて多いことを示す】

『ダンマパダ』の冒頭は、次のような言葉ではじまる。

「ものごとは心にもとづき、心を主とし、心によってつくり出される。もしも汚れた心で話したり行なったりするならば、苦しみはその人につき従う。――車をひく（牛）の足跡に車輪がついて行くように」（『ダンマパダ』―法句経―一）

仏の教えがいかに〝こころ〟というものに、重きをおいてとらえてきたかが、想像できると思う。仏教の賢者、聖者たちは無数の〝こころ〟に対する言葉、思想を続けてきた。そして、そのアプローチが、簡単なことではないことも僕たちに告げる。

「心は、動揺し、ざわめき、護り難く、制し難い。英知ある人はこれを直《なお》くする。――弓矢職人が矢柄を直くするように」（『ダンマパダ』―法句経―三三）

「近くして見難きは我が心、細にして空に遍《あまね》きは我が仏なり。我が仏、思議《しぎ》し難し。我が心広にしてまた大なり」（弘法大師　空海『秘蔵宝鑰《ひぞうほうやく》』）
【現代語訳　あまりに近いためにかえって見にくいものはわが心であり、微細《みさい》で空にあまねき（ほどに広大なの）はわが仏である。わが仏の存在はおもんぱかることができない。わが

心は広くして大である】

〝こころ〟に接近する難しさと無尽《むじん》の力について、釈尊と弘法大師が言葉を並べる。仏の教えは〝こころ〟を注視し、仰ぎみる。

今日、自分が感じた〝こころを味わうこと〟への直感を、賢者の言葉と照らしあわせてみることで、なぜだかとてもあたたかい気持ちになった。それがどうしてかは、わからない。でも、これからもっと「仏の教え」に耳を傾け、同時に全身で感じることで、〝こころ〟というものの感触や大きさについて、それの向かいたい旅先について、考えや感覚を深めてみたいと思った。

そして、そのことは多くの人の暮らしの中で共通するテーマになりそうだ。なにも大げさな〝思想〟ではなく、このことは「あっ、こんなこころだったら、欲しいな。味わってみたいな」というシンプルな話のような気がする。

瀬戸大橋をわたる電車からは、圧倒的な夕焼けと海の光景が、僕の心に映し出される。言葉にすることのできない「すばらしき」感触が僕の心に去来し、名づけようのない感情が、満たしていく。

「この〝こころ〟は、本当に、本当に価値があるのだな……」

僕はただ唖然とする。

「誰かを思うこころ」「なにかを慕うこころ」。そこから発生した、やわらかなこころ。瞬間の歓喜。道の途中での、いくつもの涙。別れのさびしさと嗚咽《おえつ》。森を翔《か》ける鳥を見て立ちのぼる春の息吹《いぶき》や日溜まりのような気持ち。

そのことの大切さを、それだけだということを、僕はいつまでも忘れたくない。

「去去《ここ》として原初に入る」ノ巻

「あの夕日は僕でもある」

死を抱え、今を生きる

栄福寺《えいふくじ》では新しいプロジェクトが動き始めた。

「演仏堂《えんぶつどう》」という名前の新しい〝お堂〟を建築しようという、僕たちにとっては大きな事業だ。

「お寺という場所、坊さんという仕事で、なにをやっていこうか?」と素直に〝次〟の動きを考えた時、出てきた自分なりの答えはシンプルなものだった。「仏教をやってみよう」、そんな問いかけを、自分を含めたさまざまな人たちに〝わかる〟言葉や形で、「こんなの、どうでしょうか?」と提案しようとすること。考え続けること。仏の教えで生きよう、生活しようとすること。そういうことだった。

「宗教のこれから」についての僕の考え方は、さらに単純だった。宗教には宗教だから含まれるさまざまな〝むずかしい部分〟だってあると思う。しかし、それよりも僕が確信していることは〝宗教だからもっているいい部分〟、僕たちにとって〝うれしいヒントや智慧《ちえ》〟があることだ。それを、現実生活の中で丁寧に探すこと。それが、とても大切だと思った。そしてその仕事は、僕が一生涯をかけて取り組む仕事として出会えたことが、うれしかった。

「これからの人々が生きるためには、〝宗教性〟は必要だけど、その場所はお寺や教会ではないだろう」

そんな言葉をよく聞く。そうであったとしても、もちろんなんの問題もない。ただ、お寺だからやれることも、「坊さん」だからできることも、僕はまだまだあると思う。

だから僕は、お寺の中に、「仏教を活かすことを考える場所」「そのための編集部」のようなエリアをつくろうと思った。「仏教を演《や》ろう、今夜」。そんな下手なコピーを思い浮かべ、にやにや笑い、僕はその場所を演仏堂と名づけた。そして、そこから、未完成で不細工《ぶさいく》であったとしても、素直にワクワクする気持ちを大事にして、「途中提出」をしてみようと思う。

演仏堂の設計は、東京で建築事務所を構える兄の白川在《ざい》に依頼することにした。日本を代表する建築家、伊東豊雄さんの事務所に五年間在籍したあと独立し「グッドデザイン賞」なども受賞した、新しい意匠《いしょう》を模索するタイプの建築家だ。

「自分だからできること」を考えると、このやり方が栄福寺のやり方だと思った。なつかしい風景のような仏教も本当に大好きだけれど、「えっ、これも仏教なの？」「仏の教えなんて、オレは関係ないと思っていたけど……」という新しい感情の〝動き〟をこの場所でみたくなった。

この決断は、僕にとって葛藤《かっとう》があるものだったけれど、ここでも弘法大師の言葉が、僕に勇気を与えてくれた。

「詩を作る者は古体を学ぶを以て妙と為《な》すも、古詩を写すを以て能と為さず。書も亦《また》古意に擬するを以て善と為すも、古跡に似たるを以て巧と為さず。古《いにしへ》振《よ》り能書百家の体別《こと》なる所以《ゆゑん》なり」（弘法大師　空海『遍照発揮性霊集《へんじょうほっきしょうりょうしゅう》』巻第三）

【現代語訳　詩を作る者は、古体を学ぶことをりっぱだと考えていますが、古詩をひきうつすことをよしとはいたしません。書も同じく古人の意にならうことをよしと考えていますが、古人の書跡に似ていることを巧みだとはいたしません。昔から能書家たちの書体が区別される理由です】

　この言葉は詩や書のみに関する話ではなく、あらゆる分野において「古いものから学びながらも、それをただ真似るだけにとどまらない」という弘法大師のメッセージだと感じる。それは、僕たちのこころが躍動するためのひとつのヒントでありアイデアであると思う。

仏教には古い大切な存在が残されていることを、僕は住職に就任以来、何度も感じてきたけれど、同時に「このままでいいはずがない」。そう、たしかに感じている。そのことを「形」としても表現しようと思った。

　僕はまだこのお寺という場所でなにもできていない。すべてはこれからがスタートだ。

「たとえためになることを数多く語るにしても、それを実行しないならば、その人は怠って

いるのである。――牛飼いが他人の牛を数えているように。かれは修行者の部類には入らない」(『ダンマパダ』―法句経―一九)

実行のために仏の教えを考える場所、「演仏堂」を栄福寺につくろうと思う。

同じ頃、制作を始めたお寺のウェブサイトは「山歌《やまうた》う」という名前をつけた。静かに口を閉じていたお寺という山が、春が来て新しい葉が芽吹くように、少しずつ歌をうたい、声を出し始めた。そんな場面をイメージした。大きなことはできないけれど、できることからすこしずつやっていこうと思う。

また、この頃から自分の書く文章に興味をもった人たちが声をかけてくださり、遍路雑誌での連載を依頼された。僧侶の道を志して以来、敬慕《けいぼ》する僧侶である松長有慶《まつながゆうけい》猊下《げいか》が何度か新刊の書評を依頼してくださるという、自分にとっては、信じられないほどうれしいこともあった。そしてダライ・ラマ法王の法話を、お世話になっている方のはからいで拝聴し、灌頂《かんじょう》の儀式では曼荼羅に投華得仏《とうけとくぶつ》をさせていただいた。目隠しをして曼荼羅の上で華を投じることで、自分に縁のある仏を決めるのだ。偶然、投華できなかった受者《じゅしゃ》を代表して僕がその役割を担うことになり、胎蔵曼荼羅では「不空成就如来《ふくうじょうじゅにょらい》」を、金剛界曼荼羅では「宝生如来《ほうしょうにょらい》」に縁をいただいた。

一生涯、忘れることのできない経験が続いた。

そんな一見、迷いながらも順調に思える僕の「坊さん生活」の中で、思いがけないことがおこった。僕にとって、とても近しい、まだ若い人が病に倒れたのだ。緊急治療室に運び込まれた手を握りしめると、しっかり握り返してくれるのだけれど、目を開けることも、声を発することも、その時はまだなかった。

坊さんになったばかりの頃、僕はあるお通夜で、こんな話をしたことがあった。

「私はまだ、本当に若く経験の浅い僧侶です。だからこそ明日は、自分の父や母を送るような気持ちで、精一杯、儀式を行ない、お経を唱えます。それだけは、みなさんに約束をします」

そこに嘘はなかったと思っている。しかし、現実として向きあった「近くの人」の出来事は想像以上の痛みを僕に突きつけた。

そんな中でも、もちろん坊さんは続いた。僕は人に死が訪れると、呼ばれ、供養し、時には「死」というものが、本来、悲しむべき存在ではないことを語った。

その日は、寺で法事を営んでいた。お経が終わった後、お茶を飲みながら、その人の親戚が脳出血で倒れた話を静かに聞いていた。僕は相づちを打ったり、差し支えのない範囲でいくつかの質問をしたりした。

法事が終わって、なんだか疲れてしまったので、部屋で体を休めていると、どうも体が重い。横になっても、同じことだった。だんだん頭も重くなり、突然、息苦しくなってきた。「明らかになにか変だ」。そう思った時には、息はますます荒くなり、手足が思うように動かない。体が痺《しび》れてきた。僕はぶっ倒れた。

「死にたくない！」

強烈にそう思った。ガチガチになった体で、合掌すると阿弥陀如来の真言を唱え続け、助けを請うた。母は、とり乱して僕の頭をさすりながら、弘法大師の名前を繰り返し呼んだ。

「仏教は、時にきわめて論理的なものなんです」

そんな話を法話で話すことも少なくなかったけれど、そこにあるのは生々しい「生」への叫びだった。

急遽《きゅうきょ》、担《かつ》ぎ込まれた病院の副院長は、

「大丈夫。ただの過呼吸だよ。普通は君みたいのじゃなくて、だいたい思春期の美人がなるんだけどな」

といたずらっぽく笑って言ってくれた。そして、少し真剣な表情になると、
「僕も若くして、副院長になった時はいろいろあったよ。喉《のど》にピンポン球がつまったような気分が続いたりね。君も若い住職さんだろう？　知らず知らずのうちになにかを抱えてたんじゃないか。ま、気楽にいこうよ」

だけど話はたぶんもっと簡単で、人の病や死にいくつか触れているうちに、ふと怖くなったのだ。自分が死ぬことが。愛する誰かが去って会えなくなってしまうことが。

そこまでひどい発作《ほっさ》は幸い、再び訪れることはなかったけれど、僕はすこし、今までの自分とは違う自分を抱えたような、臆病な気分をどこかにもっているようだった。

時々、僕の名前は君だ

しばらくたって、ずっと念願していた「栄福寺オリジナルTシャツ」を制作した。なぜか昔から僕はTシャツという存在に惹《ひ》かれ続け、自分でイラストを描いてプリントしたTシャツを美術館のバザーで販売させてもらったりすることもあった。

お寺では最初のTシャツであるし、シンプルな雰囲気がいいと思ったので、筆で書いた梵字《ぼんじ》（阿字《あじ》）の上に英語で「Sometimes my name is you.」（「時々、僕の名前は君だ」）という言葉をデザインしてもらった。しばらくイギリスに住んでいた友だちに、英語として大丈夫か確認すると、あまり大丈夫でもなさそうだったけれど、そのままつくることにした。

これは、僕の個人的な経験をもとにした言葉だった。夕方、お寺のまわりを散歩していたら、山の向こうの空は綺麗な夕日の赤に染まっていた。それは、いつもの風景ではあったけれど、僕はあらためてゆったりとした気分で、しばらくそれを眺めていた。そして、ふと感じた。

「あの夕空のほうが、もっと僕じゃないか」

うまくその体験を言葉にすることができないけれど、強くそう思い、揺さぶられるような気持ちになった。「自分」や「他者」という認識自体が、裏返ったような感覚だった。それと同時に、何度も何度も教わり続けた仏の教えのひとつである「あらゆる存在は空《くう》であり、つながっていること」「こころにやさしい慈悲をもつことの意味」が論理的思考よりも体感としてすっと体に入り込んでくるように感じた。そして夕日に向かって「My name is you.」（僕の名前は君だ）と話しかけていた。自分がおかしなことをしているとは、思わなかった。

何人かの死んでいった人の顔が思い浮かんだ。いくつか言葉を交わしたような気がした。そして自分が死んだ後も、この夕日がここに光り、虫がブンブン飛ぶたびに、僕や死者たちの

「なにか」は、ここに〝ある〟のかもしれないと思った。

「我我《がが》の幻炎《げんえん》を覚《さと》つて、頓《とん》に如如《にょにょ》の実相《じつさう》に入らしめん」（弘法大師　空海『遍照発揮性霊集』巻第七）

【現代語訳　すべて自らの身を陽炎《かげろう》のようにはかないものと覚《さと》って、すみやかに絶対平等の悟りの世界に入《い》らしめたまえ】

「（ブッダが答えた）、つねによく気をつけ、自我に固執する見解をうち破って、世界を空《くう》なりと観ぜよ。そうすれば死を乗り超えることができるであろう。このように世界を観ずる人を、〈死の王〉は見ることがない」（『スッタニパータ』一一一九）

そんな仏の教えが、なんだかリアルに響いてくるような経験だったけれど、完全にはまだそう思いきってはいない自分もたしかにいる。ただ、時々（Sometimes）心から、そう思う。そしてあの夕日のことを、ずっと憶えていたいと思った。

天気のいい日が続いて、栄福寺の山桜も満開になった頃、近所のおばあちゃんが亡くなり、僕はお通夜を営むために、このおばあちゃんの家を訪れた。

葬式の前日に行なわれるお通夜では、いつも「明日のお葬式ではどんな意味合いの儀式をするのか」という話をすることにしている。そういう法話の後に、ふと話したくなって、「個人的に感じていることなんですけど」と雑談のように僕は話し始めた。

「若い頃から、何人ものお葬式を拝んでいる時に、生まれる前の感じと、死んだ後の感じって似ているんじゃないかな、と感じることがあるんです。そして、それが一番、普通の状態かなって思うんです。だから、〝生きている〟というこの時間は、僕たちが感じている以上に、とても短い、すごく特殊な時間のような気がしてしまいます」

ざわざわしていた集まった人の中で沈黙が訪れた。誰かが「そうかもしれんねー」と声を出した。

「僕は、なんだか〝生きている〟ことはお祭りみたいだと思うんです。だから明日は、お祭りを終えたおばあちゃんに、またね、とか、おつかれさま、と手を振ってあげたいと思います」

準備をしていった話ではなかったけれど、そんな言葉がすっと出た。

「起《おき》るを生《せい》と名づけ、帰るを死と称す」（弘法大師　空海『遍照発揮性霊集』巻第四）

寺に帰り、布団の中で、自分が発した言葉を繰り返し思い浮かべた。

「去去《ここ》として原初に入る」(弘法大師　空海『般若心経《はんにゃしんぎょう》秘鍵《ひけん》』)

死を想いうかべ、生の中で光を放とうとすること。仏の教えに耳を澄ませること。そのことは、まったく新しい場所に向かうというよりは、まるで忘れてしまったなにかを思い出すように前へ進むことなのだろうか。

「一心の趣を談ぜんと欲すれば　三曜　天中に朗《あき》らかなり」(弘法大師　空海『遍照発揮性霊集』巻第三)

【現代語訳　わが一心の世界を語ろうと思うと　それは日月星の三光が中天に明るく輝いているようなもの】

僕はまた空を見上げ、寺へむかって歩きはじめた。

あとがきにかえて（どうして、僕は〝坊さん〟になりたかったのだろう？）

坊さんになる。

そんな人生が待っているとは、自分でも不思議なことだと思う。

「坊さん」を職業として意識し始めたのは、まだ小学生の頃だった。自分の「本当の関心」を仕事としていくには、お坊さんはとても都合がいいんじゃないか。

ある時から、そんなふうに考えるようになったのだ。

それは、「生きることの不思議」を考えてみたい、もっと感じてみたいというものだ。子どもの頃なら、一度は誰もが考えたことがあるのではないだろうか。

なぜ人間には心や感情があるのか。

そもそも、なぜ自分という存在を感じられるのか。

今、目の前にいるお母さんや友だちやテレビの前のアナウンサーは、もしかしたら自分の考えた自分だけの世界の存在ではないか。「死んだら」「なくなる」のか。そういう圧倒的な「不思議」を一度、考え出すと、僕は本当にたとえようのない気分になった。

そしてある日、その「不思議」と、僕の考える「坊さん」の仕事が頭の中でがっちりと組み合わさったのだ。

「これを考えるのが坊さんの仕事だ」

僕は、心のどこかでそう考え始めると、「坊さんになりたいかも」と漠然と思うようになった。そこで、「あ、自分の家はお寺だぞ」と気づいたのだ。〝博士〟や〝哲学者〟だって、同じようなことを考える時があるだろうけれど、僕にとっての「坊さん」のイメージは「考えたい時に、考えたいことを」どこまでも自由に発想できるなんとも魅力的な存在に映った。

「もしかして、チャンスじゃないか」

僕はいつからか、そんなふうに感じるようになったのだ。

寺の住職であった祖父は、「人生とは」「僧侶とは」なんてことはほとんど口にしなかったけれど、そのことがかえって、自分の中で「坊さん」のイメージを膨《ふく》らませ、自分の中で熟成するように「坊さん」を、なんだかわくわくするような職業としてとらえるきっかけになったと思う。

かくして、僕は「坊さん」への道を進むことになった。現実の坊さんは考えていたよりも、本当にたくさんの役割があった。子どもの頃によくイメージしていた「お葬式」での役割もごく一部にすぎなかった。

でも、ありがたいことに、本人にその気さえあれば、「坊さん」はたしかに僕が子どもの頃に感じたあの「不思議」をじっくりと、腹を据えて考えることにぴったりな仕事であると今でも思う。

仏教はその歴史の中で、繰り返し「私」や「他者」「死」「存在」「心」「不思議」について、さまざまなとらえ方を表現してきているし、それは、今に至るまで多くの人が、心のどこかで、そっと考えていたいこと、そういうものだと僕は思う。

その問いかけには、答えめいたものは、じつはないのかもしれない。でも、まるで海で泳ぎ遊ぶ子どもが、その海が海であることの意味やその果てしない深度を知らないまま、ただ遊び続けて笑いあうように、僕は、この生命が尽きるまで、そのことを時々、じっと感じるままに考えていたい。

そしてそのことは、「自分」という、とてもちっぽけな存在を材料にして考えることも本当に意味のあることなのだろうけれど、まるで古《いにしえ》の人たちや未来の人たちとの「チームプレイ」を楽しむように「仏教」や「坊さん」、そして「宗教」という舞台で考えることも、なんだかちょっとドキドキするんじゃないかな、という予感がするのだ。願わくば、ずっとこの気持ちを抱えたままの坊さんで、ありたいと思う。そして、僕なりに気づいたことや大事なことがあれば、それを誰かに伝えたり、そっとこの「お寺」や「仏教」という存在に残していきたいと考えている。それは、とても、おもしろそうで、うれしそうだから。

* * *

この本のもとになった文章は、糸井重里さん編集長のウェブサイト『ほぼ日刊イトイ新聞』（「ほぼ日」）に、「坊さん。――57番札所24歳住職7転8起の日々。」として掲載されました。まったくの無名である僕の突然の企画提出を受けとめてくださり、丁寧な感想を送り続けてくださった糸井さんに心から感謝の言葉を記します。また「ほぼ日」の連載で担当編集をしてくださった木村俊介さん、茂木直子さん、本当にありがとうございました。これから、楽しい顔をして、楽しい顔を誰かに贈れたら、一番の恩返しだと勝手に思っています。

書籍化にあたりミシマ社の三島邦弘さんと出会い、制作にあたりました。「すこしでもいい本にしたい」。そう心底、気持ちを練り込めて作業を進める三島さんとの試行錯誤の経験は、僧侶である自分にとっても、大きなプレゼントをいただけました。ありがとうございます！

そして「大勢の人が同じことを言っていたとしても、自分で考えたほうがおもしろい」ということを、子どもの頃から教えてくれた父親と、「創造することの気持ちよさ。笑顔で笑い飛ばすことの大切さ」を贈ってくれた母親に、感謝します。

僕は、高野山《こうやさん》で密教の修行をした僧侶ですので、本の中では、弘法大師の言葉を紹介させていただくことにしました。著作の原文は漢文ですが、書き下し文および現代語訳は『弘法大師空海全集』（筑摩書房）を基本的に引用、参考とさせていただきました（ごく一部『定本弘法大師全集』〈密教文化研究所〉、『三教指帰ほか』〈中公クラシックス〉を用いました）。

また、多くの仏教徒にとって「共通の仏典」と呼べるものはなにかと考えるのは、とても難しいことですが、仏典の中でも、古い層に属すると考えられ、素直な表現の多い『スッタニパータ』や『ダンマパダ』『ウダーナヴァルガ』などを紹介することで、仏の教えに触れるささやかなきっかけを提供できればと思い、選択しました。こちらは中村元さんの訳を引用させていただきました。この「言葉を紹介する」スタイルは「ほぼ日」連載時にはなかったもので、書籍版オリジナルです。引用に際して一般的な読者の円滑な読書を考慮し、一部、わずかな改変を加えた部分があります。

本当に力不足の僧侶である僕が、皆さんに仏の教えを伝えるうえで、誤解や誤読を含んでしまっていると思います。それをお詫びすると同時に、もしこれを、きっかけに皆さんが、仏の教えを生活を送るうえでのヒントにすることが始まり、また、それがなにかしらの役に立てば、それにまさる喜びはありません。

しばらくの時間をご一緒できて、光栄です。

ありがとうございました。

平成二十一年十月三十日（先代住職八度目の命日に）府頭山　栄福寺　白川密成

白川密成（しらかわ・みっせい）

1977年愛媛県生まれ。栄福寺住職。高校を卒業後、高野山大学密教学科に入学。大学卒業後、地元の書店で社員として働くが、2001年、先代住職の遷化をうけて、24歳で四国八十八ヶ所霊場第五十七番札所、栄福寺の住職に就任する。同年、糸井重里編集長の人気サイト『ほぼ日刊イトイ新聞』<http://www.1101.com>において、「坊さん。──57番札所24歳住職7転8起の日々。」の連載を開始し2008年まで231回の文章を寄稿。

栄福寺ウェブサイト「山歌う」http://www.eifukuji.jp/

ボクは坊《ぼう》さん。

二〇一〇年二月十三日　初版第一刷発行
二〇一〇年二月二十四日　初版第三刷発行

著者　白川密成
発行者　三島邦弘
発行所　㈱ミシマ社
郵便番号一五二-〇〇三五
東京都目黒区自由が丘二-六-一三
電話　〇三(三七二四)五六一六
FAX　〇三(三七二四)五六一八
e-mail hatena@mishimasha.com
URL　http://www.mishimasha.com/
振替　〇〇一六〇-一-三七二九七六

印刷・製本　藤原印刷(株)
組版　(有)エヴリ・シンク

ISBN978-4-903908-16-8

好評既刊

街場の教育論

内田 樹

「学び」の扉を開く合言葉。それは……?

教育には親も文科省もメディアも要らない!?
教師は首尾一貫してはいけない!? 日本を救う、魂の11講義。

ISBN978-4-903908-10-6 1600円

海岸線の歴史

松本健一

日本のアイデンティティは、「海岸線」にあり

「海やまのあひだ」はどのような変化をしてきたのか?
「日本人の生きるかたち」を根底から問い直す、瞠目の書。

ISBN978-4-903908-08-3 1800円

<貧乏>のススメ

齋藤 孝

今こそ手にしたい、一生の財産

「体験の石油化をはかる」「貧しても鈍しない」……
著者が貧乏時代に培った、「貧乏を力に変える技術」を初公開!

ISBN978-4-903908-14-4 1500円

超訳 古事記

鎌田東二

1300年の時を超え、本邦最古の書が蘇る!

現代の稗田阿礼「鎌田阿礼」が、名場面の数々を語りおろす。
瑞々しい日本語とともに全く新しい生命を得た、『古事記』決定版。

ISBN978-4-903908-15-1 1600円

(価格税別)